경계선 성격장애를 위한
심리도식치료

경계선 성격장애를 위한

심리도식치료

초판 1쇄 발행 | 2015년 6월 20일
지은이 | Arnoud Arntz · Hannie van Genderen
옮긴이 | 김동한

펴낸이 | 김형록
책임교정 | 최현주·이승희
펴낸곳 | 명상상담연구원
주소 | 서울시 보문로 35길 39(삼선동 4가) 2층/3층
전화 | (02) 2236-5306
홈페이지 | http://medicoun.com
출판등록 | 제 211-90-28934호

가격   18,000원

ISBN 978-89-94906-20-1 94180
ISBN 978-89-94906-00-3(set)

©명상상담연구원 2015 Printed in Seoul, KOREA
잘못된 책은 바꾸어 드립니다.

서문

심리도식치료(Schema Therapy)는 인지모델들을 기반으로 한 통합적인 심리치료이며 경계선 성격장애(BPD: Borderline Personality Disorder)에 효과적인 치료방법이다. 최근 네덜란드의 여러 센터에서 시행된 임상실험에서 경계선 성격장애 환자 중 절반 정도가 심리도식치료로 회복되었고 3분의 2정도는 임상적으로 의미 있는 변화를 보였다(Giesen-Bloo 외 동료들, 2006). 이것은 정신역동치료보다 두 배 이상의 효과가 있는 것이다.

이 책에서는 경계선 성격장애 환자를 심리도식으로 치료하는 실습을 소개한다. 여기서는 Jeffrey Young의 심리도식치료와 양식모델(schema mode model)을 기본으로 하면서 Beck의 인지치료(Cognitive therapy)와 Arntz의 체험적 방법들(Experiential methods)을 함께 응용했다. 그러므로 경계선 성격장애의 개념적 모델과 치료적 모델 그리고 경계선 성격장애 환자를 다루는 풍부한 방법과 기술들을 이 책에서 만날 수 있다. 여기에서는 정신질환의 진단 및 통계편람(DSM)에 명시된 경계선 성격장애의 문제를 다룰 뿐만 아니라 애착문제, 엄격한 기준, 어린 시절에 겪은 부당한 정신적 외상 등과 같은 숨어 있는 정신병리적인 성격특성들도 다룬다. 여러 관련 연구에서 이러한 문제들이 나아지고 있다는 결과가 나오고 있다.

경계선 성격장애에 대한 치료는 눈을 가리고 체스게임과 핀볼게임(pinball machine)을 동시에 하는 것과 같다. 치료자는 빠르게 변화하는 환자의 다양한 상황을 알아차림과 동시에 그것을 다루어야 한다는 의미이다. 이러한 이유로 경계선 성격장애에 대한 치료가 난해하긴 해도 치료자는 치료기법을 배울 수 있으며, 이 책의 사례와 실용적인 해석에서 많은 도움을 얻을 수 있을 것이다. 치료관계의 핵심은 따뜻하고 협력적인 관계를 기초로 하는 '제한된 재양육(limited reparenting)'이다. 그러나 경계선 성격장애 환자를 치료하기에는 좋은 치료관계만으로는 충분치 않기 때문에 특별히 구성된 체험적, 인지적, 행동적 기법도 다룰 것이다. 이 책의 후반부에는 매우 까다로운 사례에 사용되었던 기법들이 구체적으로 제시되어 있으며 경계선 성격장애 환자를 상담하면서 일어나는 다양한 곤란한 상황들을 대처하는 방법들도 제시되어 있다.

감사의 글

이 책은 Maastricht Community Mental Health Center의 바쁜 일정으로 인해 오랜 시간이 지나서야 탄생하게 됐다. 나를 무조건적으로 지지해준 남편 Leo Schefferj에게 이제야 감사의 마음을 전한다. 그는 가족들을 돌보았고 이 글을 읽어주었으며, 나를 도와 타이핑작업도 해주었다. 그리고 책을 쓰는 기간 동안 '지금은 안 돼'라는 말을 들어오면서 잘 참아준 나의 아이 Sacha 와 Zoe에게 고마움을 전한다.

Maastricht University의 Arnoud Arntz 박사와 Tim Beck, Gory Newman, Jeffrey Young, Christine Padesky 그리고 Kathleen Mooney는 실습들을 체계화시켰고, 그 덕분에 나는 성격장애 환자를 위한 치료를 배우게 되었다. 그 중에서도 특히 Arnoud 박사는 열정적으로 경계선 성격장애와 같은 '치료할 수 없는' 환자를 치료가 가능하도록 하는 새로운 방법을 꾸준히 개발했다.

RIAGG Maastricht의 동료들, 특히 내가 경계선 성격장애 치료를 배우는 동안 슈퍼바이저였던 Arnoud Arntz박사와 Tonny van Gisbergen과 Wiesette Krol의 지지와 협력에 감사의 말을 전하고 싶다. 대부분의 프로그램과 워크숍을 함께 참석해왔던 Marjon Nadort에게도 감사를 전한다. 그녀는 수년간 심리도식치료를 보급하는 데 더 좋은 방법을 찾기 위하여 나와 함께 했다.

나의 동료 Monique Wijer, Monique Auerbach, Ina Krijgsman와 매부 Igor vaqn de Wal에게도 감사를 드린다. 그들은 이 책을 전부 읽고 통찰 있는 질문과 제안을 했다.

사실 이 책은 내가 치료한 환자들 덕분에 나올 수 있었다. 그들과의 대화로 이 책에 나오는 사례들을 엮었으며 나는 그들로부터 많은 것을 배웠다. 그들의 이름을 여기에 적을 수는 없지만 진심으로 그들에게 감사를 바친다.

– Hannie van Genderen

이 책의 공동 집필자를 포함해서 나의 스승들이 없었다면 경계선 성격장애를 가진 사람들을 치료한다는 것은 불가능했을 것이다. Tim Beck, Christine Pasesky, Kathleen Mooney, Cory Newman에게 감사의 말을 전하며, 특히 워크숍에서 우리 팀을 지도한 Jeffrey Young에게 감사를 드린다. Jeffrey Young은 경계선 성격장애에 대한 나의 초기의 생각과 일치하는 모델을 개발했을 뿐만 아니라 이 책의 주제에 대한 포괄적인 치료법을 개발했다는 면에서 특별히 치하 받을 만하다. 경계선 성격장애의 치료를 개발하고 연구하는 것을 도와준 동료인 Laura Dreessen, Anoek Weertman, Simkje Sieswerda, Josephine Giesen-Bloo, Thea van Asselt 그리고 Jill Lobbestael에게도 감사의 말을 전하고 싶다. 연구들을 진행하는데 도움을 준 연구 보조자들과 인턴들에게도 감사의 말을 전하며 특히 치료와 연구에 참가했던 환자들에게 감사를 드린다. 그들이 없었다면 이러한 복잡한 문제에 대한 통찰과 치료법을 얻지 못했을 것이다.

끝으로 Mental Health의 네덜란드 국가자금과 대학의료보험 의학발전기구 보조금 그리고 Mastricht 대학의 정신병리학 연구소 프로젝트를 위한 Maastricht Community Mental Health Center에서 기회를 제공해주지 않았다면 이 책은 세상에 나오지 못했을 것이다. 이러한 도움으로 경계선 성격장애 치료를 위한 다양한 기법의 연구가 가능하게 되었으며, 치료의 효과성뿐만 아니라 비용에 대한 효용성도 검증될 수 있었다. 네덜란드어 원본을 영어로 번역하는데 도움을 준 Kyra Sendt와 Jolijn Drost에게도 감사의 말을 전한다.

– Arnoud Arntz

이 책의 소개

현재까지 경계선 성격장애 환자들은 치료하기가 매우 힘들다고 알려져 있다. 치료 자체가 환자들에게 도움이 안 되거나 성과가 좋더라도 치료율 자체가 낮은 편이다. 그동안 의료계와 정신건강관리국(Mental health care)은 경계선 성격장애치료의 필요성에는 주목했지만 이에 비해 치료의 성공률은 매우 낮은 실정이었다.

이 책에서는 경계선 성격장애치료의 사례에서 주목할 만한 임상효과를 남겼거나 장애를 극복하게 한 치료법을 소개하고 있다. 심리도식치료는 경계선 성격장애 증상을 감소시킬 뿐만 아니라 그 변화 또한 지속시킨다.

1장에서는 경계선 성격장애란 무엇인지를 기술하고 그것의 발전과정에 대해 알아본다.

2장에서는 Jeffrey Young이 개발한 경계선 성격장애에 대한 심리도식치료를 소개한다. 심리도식치료를 심리도식 양식모델이라고 부르기도 하는데 2장에서는 경계선 성격장애 환자들의 다양한 심리도식 양식들에 대해 설명한다.

3장에서는 치료의 목표와 단계들을 알아보고, 4장에서 8장까지는 여러 가지 기법들을 소개한다.

4장에서는 변화의 도구로서 치료관계를 살펴보는데, 치료관계의 핵심개념인 '제한된 재양육(limited reparenting)'에 대해 충분히 논의한다.

5장에서는 환자의 인식을 변화시키는 체험적 기법을 설명한다. 여기에는 심상 다시쓰기, 역할극, 의자기법, 감정을 경험하고 표현하기 등이 있다.

6장에서는 인지적 기법을 설명한다. 인지적 기법에 관해서는 문헌들이 많이 있으므로 여기에서는 간단히 알아보기로 한다.

7장에서는 행동적 기법들을 기술한다.

8장에서는 여러 가지 특정한 치료방법과 기법들을 다룬다. 이러한 기법들 중 경계선 성격장애 환자와 직접적으로 관련되지 않은 부분이 있더라도 치료적 측면에서는 중요하고 유용할 수 있다.

9장에서는 지금까지 소개한 방법과 기법들을 심리도식 양식과 결합시키고 각각의 심리도식 양식에 가장 적합한 기법이 무엇인지를 알아본다. 단일 회기에서 각각의 양식을 다루는 기법도 9장에서 논의한다.

10장은 마지막 단계로 더 이상 경계선 성격장애가 나타나지는 않는 환자에게 앞으로 더 나은 긍정적인 변화를 유도하고 유지하도록 하는 방법과 전략을 알아본다.

경계선 성격장애 환자의 많은 수가 여성임을 고려해서 환자들은 여성형(그녀)으로 사용하고 치료자는 남성형(그)으로 표시한다.

목차

경계선
성격장애

Borderline Personality Disorder

경계선 성격장애란?

경계선 성격장애 환자들은 삶의 거의 모든 면에서 어려움을 겪고 있다. 이들의 삶에는 계속되는 기분변화, 타인과의 관계, 불분명한 정체성과 충동적인 행동과 같은 문제들이 지속적으로 발생한다. 그리고 이들에게 분노의 폭발과 위기는 일상적인 일이다. 많은 경계선 성격장애 환자들이 지적이고 창조적임에도 불구하고 자신들의 재능을 거의 펼치지 못하고 있다. 대개는 학업을 이수하지 못하거나 실직한 상태로 지내며, 일을 하게 되더라도 자신의 능력에 훨씬 못 미치는 일을 하는 경우가 많다. 이들은 또한 자해나 약물남용에 휘말릴 가능성이 크며 어떤 경우에는 둘 다 해당되기도 한다. 이런 경우 경계선 성격장애 환자는 자살을 시도할 위험이 높은데 약 10% 정도가 자살시도의 결과로 죽음에 이르게 된다.

경계선 성격장애에 대한 진단과 평가를 위한 표준화된 정의는 정신분석적 정의가 아닌 DSM-IV의 진단척도를 사용한다(Kernberg, 1976, 1996; Kernberg와 동료들, 1989). 왜냐하면 경계선 성격장애에 대한 정신분석적인 정의에는 수많은 성격장애와 축-I 장애가 포함되어 있어서 이 모든 장애에 대한 구체적인 치료법을 전부 다루기에는 너무도 광범위하기 때문이다. 경계선 성격장애에 대한 DSM-IV의 기준은 표1.1에 나타나 있으며 항목 9개 중 적어도 5개 이상이 충족되면 경계선 성격장애라고 진단한다. DSM-IV에서 정의한 경계선 성격장애의 대표적인 특징은 '**불안정(instability)**'이다. 이러한 불안정의 특징은 경계선 성격장애 환자의 대인관계, 자아 이미지 그리고 감정과 충동에 영향을 미친다.

| 표 1.1 | 경계선 성격장애에 대한 DSM-IV 진단 기준

대인관계, 자아이미지 및 충동적이고 불안정한 감정의 패턴이 성인기 초기부터 시작되어 다음에 제시되는 것들 중 5가지 또는 그 이상이 다양한 상황에서 나타나는 경우.

1. 실제이건 아니건 상관없이 유기(버림받음)를 피하려는 필사적인 노력을 하는 경우.
   (단, 5번에 포함되는 자살이나 자해행동은 제외)

2. 극단적인 이상화와 평가절하 사이를 오가는 특징으로 인해 불안정한 대인관계 패턴이 반복되는 경우.

3. 정체성 혼란: 자아이미지 혹은 자기지각이 현저하게 지속적으로 불안정한 경우.

4. 자기손상적 결과를 초래할 수도 있는 충동성이 최소한 2가지 영역에서 나타나는 경우.
   (예: 낭비, 무분별한 성관계, 물질남용, 무모한 운전, 폭식)
   (단, 5번에 포함되는 자살이나 자해행동은 제외)

5. 되풀이 되는 자살행동, 자살시늉, 자살위협, 또는 자해행동이 나타나는 경우.

6. 현저한 기분변화로 인한 정서적 불안정성을 보이는 경우.
   (예: 간헐적인 심한 기분저조나 불안 또는 과민하게 화를 냄. 그러나 며칠 동안 지속되는 경우는 드물다)

7. 만성적인 공허감을 느끼는 경우.

8. 부적절하고 심한 분노를 느끼거나 또는 분노를 통제하기가 어려운 경우.
   (예: 잦은 분노폭발, 지속적 분노상태, 반복되는 몸싸움)

9. 스트레스와 관련된 편집증적 사고나 심한 해리증상이 일시적으로 나타나는 경우.

출처: APA (2000) DSM-IV-Tr.

유병률과 동반되는 다른 질환들

경계선 성격장애는 (외래)임상환자들에게서 흔히 볼 수 있는 정신장애 가운데 하나이다. 일반 인구의 1.1% – 2.5%가 이에 해당하고, 환자들 사이에서 조건에 따라 다양하게 나타나는데, 외래환자의 10%, 정신질환자의 20–50%가 해당한다. 그러나 경계선 성격장애의 진단이 늦어지거나 간과되는 경우도 많이 있는데, 이것은 아마도 경계선 성격장애와 관련한 다른 문제들이 동시에 발병하기 때문인 것 같다. 이것이 진단과정을 복잡하게 만든다.

경계선 성격장애 환자들에게서는 각기 다른 질환이 심각하고 다양하게 동반된다. 우울과 섭식장애, 사회공포, 외상 후 스트레스장애(PTSD) 또는 대인관계 문제와 같은 축-I 장애가 경계선 성격장애와 함께 나타날 수 있으며, 이중 일부 또는 전부가 강하게 또는 약하게 경계선 성격장애와 동반된다.

모든 성격장애는 경계선 성격장애와 동반하여 나타날 수 있다. 자기애성, 반사회성, 히스테리성, 편집성, 의존성 그리고 회피성 성격장애는 경계선 성격장애와 짝을 이루어 나타나는 것이 일반적이다(Layden과 동료들, 1993).

Dressen과 Arntz(1998), Mulder(2002)와 Weertman 그리고 동료들(2005)의 연구에 의하면, 성격장애에 동반한 불안과 기분장애는 치료될 수 있다고 한다. 그러나 경계선 성격장애와 동반한 축-I 장애를 다룰 때는 조심해야만 한다. 경계선 성격장애는 일생 동안 수많은 위기와 자살시도를 겪게 하기 때문에 심각한 장애라고 할 수 있다. 이것이 축-I 장애의 치료가 어려운 일반적인 이유이다. 그리고 축-I 장애의 질환과 증상은 그 특징과 범위가 자주 변하기 때문에 진단하는 것조차 어렵다. 그래서 경계선 성격장애를 치료하기 전에 축-I 장애를 일반적으로 먼저 다룬다. 먼저 다루어야 하는 장애들은 2장 '고려사항'에서 설명한다.

경계선 성격장애의 발전과정

대부분의 경계선 성격장애 환자들은 보통 6~12세 사이의 어린 시절에 성적, 육체적, 정서적인 학대를 경험한 경력이 있다(Herman, Perry and van der Kolk, 1989; Ogata와 동료들, 1990; Weaver and Clum, 1993). 특히 정서적 학대는 대개 감추어져 있어서 대부분 환자들은 이를 인식하지 못하기 때문에 성적이거나 육체적인 학대보다 더욱 찾기가 어렵다. 이렇게 감춰지는 이유는 부모에 대한 효심 때문이거나, 환자 스스로가 평범하고 건강한 어린 시절이 어떤 것인지 잘 모르기 때문이다.

사건이 발생하는 사회적 상황뿐만 아니라 기질, 불안정한 애착, 어린 시절의 정신적 외상경험은 환자로 하여금 자신과 타인에 대한 역기능적 해석을 야기한다(Arntz, 2004; Zanarini, 2000). 경계선 성격장애 환자들은 혼란스러운 애착 형태를 보인다. 이것은 해결되지 못한 어린 시절의 경험이 빚어낸 결과이다. 당시의 상황에서 그들의 부모는 안전한 피난처이기도 했지만 위협적인 존재이기도 했다(van IJzendoorn, Schuengel and Bakermans-Kranenburg, 1999). 이렇게 환자의 역기능적인 심리도식과 대처방식으로 인해 경계선 성격장애가 발생하는 것이다(예 Arntz, 2004).

경계선 성격장애 환자들은 매우 심각하고 복잡한 문제들을 안고 있다. 환자들의 행동이 예측 불가능하기 때문에 가족과 친구들의 인내심은 고갈되고 만다. 이러한 상황은 환자들의 삶만 고통스럽게 하는 것이 아니라 주변사람들도 힘들게 한다. 때로는 삶이 너무 힘겨워 환자가 삶을 포기하거나(자살) 가족과 주위사람들이 환자를 보살피기를 중단하여 치료가 계속 되지 못하기도 한다. 경계선 성격장애 환자를 다루는 치료자 또한 지치기도 한다.

심리도식치료는 경계선 성격장애 환자들이 역기능적인 패턴을 극복하고 보다 건강한 삶을 영위하는 데 도움을 주는 치료모델을 제공한다.

2

경계선 성격장애를 위한 심리도식치료

Schema Therapy for Borderline Personality Disorder

경계선 성격장애를 위한 심리도식치료의 배경

경계선 성격장애는 다른 많은 심리학적인 장애들과 마찬가지로 주로 정신분석적인 관점에서 다루어져왔다. 그러나 1990년대부터 인지행동기법으로 성격장애를 치료하려는 연구가 시작되면서 이러한 추세에 변화가 일어나기 시작했다.

Aaron Beck, Arthur Freeman과 동료들이 함께 한 '성격장애의 인지치료(Cognitive Therapy of Personality Disorders, 1990)' 라는 연구를 통해 성격장애를 위한 인지치료가 최초로 소개되었다. 이 치료법은 특히 자살과 같은 충동적 행동을 감소시키는데 있어 높은 성공률을 보였으나(Beck, 2002), 특성을 깊이 변화시키기기는데는 그리 성공적이라고 볼 수 없었다.

이를 보완하여 Jeffrey Young은 새로운 형태의 인지치료를 소개했는데, 처음에는 '심리도식에 초점을 맞춘 치료(Schema-Focused Therapy)'라고 했고, 나중에는 '심리도식치료(Schema Therapy)'라고 불렀다. 이후에 그는 심리도식 양식(mode)이란 개념을 도입하여 치료모델을 확장시켰다. Young의 이론은 인지행동치료와 체험적 기법들의 통합에 기반을 두고 있으며, 정신적 외상 경험의 정서작업 뿐만 아니라 행동변화에 영향을 주는 치료관계에 대해서도 강조하고 있다.

지금까지 심리도식치료는 경계선 성격장애 환자들의 특성을 현저하게 개선시키는 훌륭한 기법으로 알려져 오고 있다.

연구조사 결과

연구조사에 의하면 전통적인 정신분석치료는 높은 중도탈락률(46%~67%)과 상대적으로 높은 자살률을 보여준다. 정신분석치료의 4개의 연구를 분석해보면 거의 10%의 환자들이 치료 도중이나 치료 후 15년 이내에 자살로 인해 사망하였다(Paris, 1993). 이 사망률은 심리치료를 받지 않은 경계선 성격장애 환자들의 사망률이 8%~9%인 것에 대조된다(Adams, Bernat and Luscher의 보고서, 2001).

경계선 성격장애에 관한 인지행동치료의 연구는 Linehan에 의해 최초로 실현되었다(1991). Linehan이 소개한 '변증법적 행동치료(dialectical behavioural therapy)'는 일반적인 치료들에 비해 낮은 중도 탈락률, 짧은 입원기간, 그리고 자해와 자살충동행동의 현저한 감소를 보였다. 다른 정신질환에서는 통제치료(control treatment)와 비교해 볼 때 의미 있는 차이는 없었다. Beck의 인지치료 역시 경계선 성격장애 증상의 감소와 더불어 자살 위험과 우울증상을 감소시키는 것으로 질적연구에서 드러났다(Arntz, 1999; Beck, 2002; Brown과 동료들, 2004). 그리고 첫 해의 중도 탈락률은 일반적인 경우보다 약 9%정도 낮았다.

Young이 개발한 심리도식치료는 네덜란드에서 활발히 연구되고 있으며 특히 심리도식치료와 전이중심치료(TFP: Kernberg와 동료들에 의한 정신역동의 한 방법)가 비교 연구되고 있다(Giesen-Bloo와 동료들, 2006). 이 연구는 2000년에 시작했고 3년 동안 지속되었다. 심리도식치료는 다른 정신질환이 개선되는 것뿐만 아니라 경계선 성격장애의 증상감소도 전이중심치료보다 더 긍정적인 결과를 보여주었다. 치료가 끝난 후 4년이 지난 시점의 연구에서, 심리도식치료를 받은 환자의 52%가 경계선 성격장애를 극복했고 3분의2 이상의 환자가 임상적으로 의미 있는 증상의 감소를 나타냈다. 신체적인 질병 때문에 탈락한 환자들이 조사에 포함됐다는 것을 고려해 볼 때 이 수치는 매우 인상적이다.

이 연구에서 가장 주목할 만한 결과 가운데 하나는 자해와 같이 눈에 잘 띄는 증상은 물론 **모든** 경계선 성격장애의 문제들이 감소했다는 것이다. 그리고 더 나아가 환자의 전체적인 삶의 질과 자존감, 경계선 성격장애의 증상이나 성격과 연관된 모든 정신병리적인 특징들이 의미 있게 개선되었다. 노르웨이의 사례연구에서도 이와 유사한 결과가 도출되었다. 치료가 끝난 환자들에 대한 조사에서 50%는 더 이상 경계선 성격장애 증상을 보이지 않았고, 80%의 환자들은 치료를 통해 주목할 만한 효과를 얻었다(Nordahl and Nysater, 2005).

심리도식치료는 대략 1년 6개월에서 4년 동안(또는 더 긴 시간이 필요한 경우도 있다) 진행되며 한 주에 두 번의 회기를 갖는다(회기가 진행되면서 일주일에 한 번으로 단축할 수도 있다). 심리도식치료에 부가되는 다소 높은 치료비용에도 불구하고 비용대비 효율을 따져 볼 때 심리도식치료의 치료효과가 전이중심치료보다 더 높다. 이러한 점에서 심리도식치료는 결과적으로 비용을 감소시킨다고 볼 수 있다(van Asselt와 동료들. 2008). 이와 같은 긍정적인 결과와 수많은 경계선 성격장애의 인구를 고려해 볼 때 심리도식치료를 여러 독자들에게 소개하는 것은 의미 있는 작업일 것이다.

고려사항

경계선 성격장애의 진단을 어렵게 만드는 일련의 장애들로는 양극성 장애, 주의력결핍 과잉행동장애(ADHD) 그리고 정신이상 장애(경계선 성격장애 환자들에게서 종종 나타나는 단기적이고 일시적인 정신이상을 말하는 것은 아니다) 등이 있다. 이러한 장애는 경계선 성격장애에 대한 진단을 어렵게 할뿐만 아니라 치료 또한 방해한다. 그래서 먼저 이것들에 대한 치료가 선행한 후에 경계선 성격장애 치료에 초점을 맞추는 것이 좋다.

심리도식치료를 경계선 성격장애의 치료수단으로 채택하기 전에 성격장애와 관련된 특정한 장애들 또한 먼저 다루는 것이 좋다. 이 범주에는 심각한 주요 우울증, 중독치료를 필요로 하는 물질남용, 그리고 거식증 등이 해당된다. 이런 장애들이 심각하면 경계선 성격장애에 대한 심리도식치료가 활용되기 어려워진다. 그리고 자폐증이나 아스페르거스(Asperger's syndrome) 증후군과 같은 발달장애들 또한 심리도식치료를 방해한다. 이러한 발달장애는 비정상적인 신경학상의 문제를 포함하고 있을 수 있기에 심리도식치료의 적용을 방해할 수 있다.

전이중심치료 전문가들은 반사회성성격장애 또한 치료에서 배제되어야 한다고 주장하지만(Giesen-Bloo와 동료들, 2006) 연구에 의하면 심리도식치료가 반사회성성격장애를 치료할 수 있는 하나의 치료 유형이 될 수 있다는 긍정적인 결과도 있다.

심리도식치료의 근거와 이론

Young은 모든 사람들은 어린 시절을 거치면서 심리도식(schema)을 갖는다고 말한다. 심리도식은 조직화된 인지체계로서 어린 시절에 형성되고, 특정한 행동, 감정 그리고 생각을 통해 나타난다(Arntz and Kuipers, 1998). 심리도식을 직접적으로 측정할 수는 없지만 환자의 개인사를 분석하고 환자의 기질과 재능을 관찰함으로써 그 윤곽을 그려낼 수는 있다. 환자가 다양한 사회적 상황과 생활방식에서 자신이 고수하는 전략을 구체적인 행동으로 드러낼 때 심리도식은 보다 분명하게 관찰될 수 있다.

건강한 심리도식은 어린아이의 기본적인 욕구가 충족될 때 형성된다. 건강한 심리도식은 어린아이가 다른 사람들, 자기 자신 그리고 세상을 있는 그대로 긍정적인 모습으로 받아들일 수 있게 해준다.

어린아이의 기본적인 욕구는 다음과 같다:

안전감(Safety) – 어린아이는 믿을 만한 어른에게 의존하여 안전한 장소에서 발달하고 성장할 수 있어야 한다.

타인과의 교류(Connection to others) – 어린아이는 자신들이 다른 사람과 교류하고 있다는 것을 느껴야 하고 자신들의 경험, 생각 그리고 감정을 타인과 공유할 수 있어야 한다.

자율성(Autonomy) – 어린아이는 안전한 환경 속에서 세상을 탐험하고 배울 수 있어야 한다. 어른으로 성장해가는 과정에서 최종적인 목표는 어린아이들이 결국 자신의 두 발로 서는 것이다. 돌봐주는 이는 천천히 그러나 확실하게 어린아이가 자율적인 어른으로 성장할 수 있도록 그들로부터 분리될 수 있어야 한다.

자기존중(Self-appreciation) – 어린아이는 존중받고 있다고 충분히 느껴야 한다. 높은 자존감을 갖기 위하여, 자신의 존재와 자신이 할 수 있는 것에 대하여 존중받아야 한다.

자기표현(Self-expression) – 엄격하거나 강압적인 규범에 억제되지 않고 자신의 생각이나 감정을 표현하는 것을 배우고 격려 받아야 한다.

현실적인 제한(Realistic limits) – 타인과 함께 사회생활하기 위해서 어린아이가 분명한 규칙을 배우는 일은 필요하다. 어린아이는 타인과의 관계에서 자신의 자율성과 자기표현을 자제해야 할 때가 있다는 것을 이해해야 한다. 또한 어린아이는 인내심을 배워야하고 좌절감을 다루는 법을 배워야한다(Young and Klosko, 1994; Young, Klosko and Weishaar, 2003).

어린아이의 열악한 성장환경이 단독으로 작용하였거나 또는 정신적 외상을 일으킨 사건(부모의 사망 혹은 성적학대 등)이 함께 동반되었을 경우, 아이에게 욕구들이 충족되지 않으면 이것은 아이의 기질과 상호작용하여 역기능적인 심리도식을 형성한다. 그리고 이러한 심리도식은 역기능적인 대처방식이 형성되는 기반이 된다(그림 2.1). Young은 18가지의 서로 다른 심리도식(부록I)과 대처방식(부록J)을 설명했다(Young, Klosko and Weishaar, 2003).

심리도식이 DSM-IV에서 정의하는 성격장애와 정확하게 일치하는 것은 아니지만 간단하게

표2.1과 같이 비교될 수 있다.

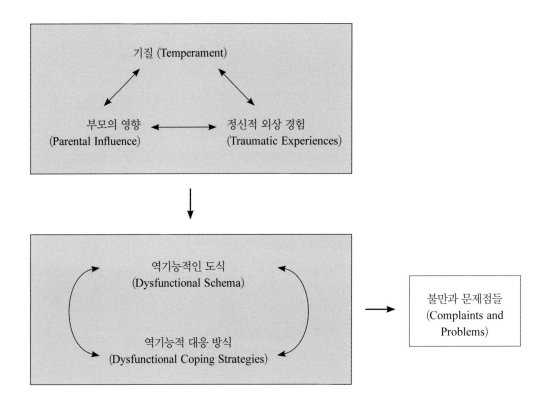

| 그림 2.1 | 역기능적인 심리도식의 전개 과정

| 표 2.1 | DSM-Ⅳ 성격장애와 심리도식과의 관계

성격장애 (Personality disorder)	도식 (Schemas)
편집성 Paranoid	불신/학대 Mistrust/abuse
	정서적 박탈 Emotional deprivation
	사회적 고립/소외 Social isolation/alienation
분열성 Schizoid	사회적 고립/소외 Social isolation/alienation
분열형 Schizotypal	불신/학대 Mistrust/abuse
	사회적 고립/소외 Social isolation/alienation
	위험/질병에 대한 취약성 Vulnerability to harm or illness
반사회성 Antisocial	유기/불안정Abandonment/instability
	불신/학대 Mistrust/abuse

	정서적 박탈 Emotional deprivation
	특권의식 Entitlement
	부족한 자기통제/자기훈련 Insufficient self-control/self-discipline
경계선 Borderline	유기/불안정Abandonment/instability
	불신/학대 Mistrust/abuse
	정서적 박탈 Emotional deprivation
	결함/수치심 Defectiveness/shame
	의존/무능감 Dependence/incompetence
	위험/질병에 대한 취약성 Vulnerability to harm or illness
	부족한 자기통제/자기훈련 Insufficient self-control/self-discipline
	복종 Subjugation
	정서적 억압 Emotional inhibition
	처벌 Punitiveness
연극성 Histrionic	유기/불안정Abandonment/instability
	정서적 박탈 Emotional deprivation
	특권의식 Entitlement
	부족한 자기통제/자기훈련 Insufficient self-control/self-discipline
자기애성 Narcissistic	특권의식 Entitlement
	부족한 자기통제/자기훈련 Insufficient self-control/self-discipline
	결함/수치심 Defectiveness/shame
회피성 Avoidant	사회적 고립/소외 Social isolation/alienation
	사회적 불만Social undesirability
	결함/수치심 Defectiveness/shame
	실패 Failure
	복종 Subjugation
	의존성 Dependent
	의존/무능감 Dependence/incompetence
	유기/불안정 Abandonment/instability
	결함/수치심 Defectiveness/shame
	복종 Subjugation
강박성 Obsessive-compulsive	엄격한 기준/과잉비판 Unrelenting standards/hypercriticalness
	정서적 억압 Emotional inhibition
수동-공격성 Passive-aggressive	실패 Failure
	불신/학대 Mistrust/abuse
우울 Depressive	불신/학대 Mistrust/abuse
	결함/수치심 Defectiveness/shame

사회적 고립/소외 Social isolation/alienation
사회적 불만 Social undesirability
위험/질병에 대한 취약성 Vulnerability to harm or illness
실패 Failure
복종 Subjugation

Adapted from Sprey (2002).

심리도식 양식들

경계선 성격장애 환자들은 대체로 여러 개의 심리도식을 동시에 갖고 있기 때문에 환자와 치료자 모두 정확한 진단을 내리는데 어려움을 겪는다. 환자의 행동과 감정의 전환이 너무 빨리 일어나기 때문에 환자 주변에서 일어나는 일뿐만 아니라 환자 자신에게 일어나고 있는 일을 이해하는 것도 무척 어려워진다. 이러한 연유로 문제는 더욱 악화된다. 경계선 성격장애에서 아주 흔하게 일어나는 감정, 생각 그리고 행동패턴의 갑작스런 전환은 '심리도식 양식'(모형 혹은 심리도식 상태)이라고 불리는 개념을 발달시키는데 영감을 주었다(McGinn and Young, 1996). 심리도식 양식이란 여러 가지의 심리도식과 그 과정의 묶음이라고 할 수 있으며, 어떤 상황에서 여러 심리도식들에 의해 환자의 생각, 감정 그리고 행동이 압도되는 과정을 의미한다. 달리 말하면 경계선 성격장애 환자가 상대적으로 이완되고 안정되었을 때와 이들이 위협을 느낄 때, 주변사람들은 환자에게서 완전히 다른 성격의 일면을 목격하게 된다. 일상적인 환경 속에서 이들은 감정에 빠져있다고 보이지 않는 상대적으로 이완된 모습을 하게 되지만, 예를 들어 이들이 부모와 같은 중요한 대상에게서 버림받는 느낌을 받을 때, 주변사람들은 이들에게서 아주 흥분하거나 깊은 슬픔 속에 빠져있는 '어린아이'를 목격하게 된다. 경계선 성격장애 환자는 어떤 강렬한 기분이나 감정에서 다른 상태로 아주 짧은 시간 안에 전환하곤 한다. 이것은 환자가 심리도식의 한 양식에서 다른 양식으로 어떤 통제 없이 빈번하게 전환하는 것으로 설명된다.

Young은 경계선 성격장애의 심리도식 양식으로 다음의 5가지 모형을 제시했다.

거리를 두는 방어자(the detached protector)

버림받은/학대받은 아이(the abandoned/abused child)

화난/충동적인 아이(the angry/impulsive child)

처벌적인 부모(the punitive parent)

건강한 성인(the healthy adult)

환자의 상황에 따라 이 양식들의 이름은 적절히 바뀔 수 있는데, 그렇다고 경계선 성격장애를 다중인격장애라고 시사하는 것은 아니다. 양식마다 각각의 이름을 붙이는 것은 환자들이 양식을 더 잘 이해하고 파악하기 위한 수단이지 환자의 정체성 또는 인격을 의미하는 것은 아니다 (Arntz and Kuipers, 1998).

이어서 경계선 성격장애에서 가장 두드러진 양식들을 구체적으로 설명하고자 한다. 이 양식들을 가장 잘 다루는 방법과 치료에 관해서는 9장에서 자세히 기술하기로 한다.

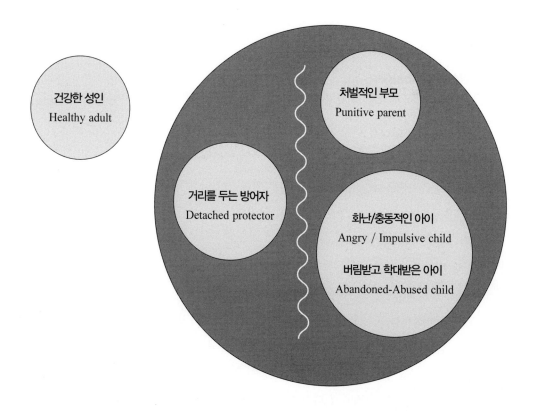

| 그림 2.2 | **경계선 성격장애 : 다섯 가지 양식** (Arntz and Bögels, 2000).

거리를 두는 방어자

　　거리를 두는 방어자양식일 때 환자는 비교적으로 어른스럽고 침착한 것처럼 보인다. 치료자는 환자가 잘 해나가고 있다고 생각할 수 있지만, 사실 환자는 자신의 두려움(버림받은 어린아이), 열등감(처벌적인 부모), 또는 분노(충동적인 어린아이) 등의 감정을 경험하거나 드러내는 것을 회피하기 위하여 방어자양식을 사용하는 것이다. 이때 방어자양식은 '너의 감정이나 갈망을 드러내고 의견을 표현하는 것은 위험해'라고 말하면서 환자로 하여금 감정을 통제 못할지도 모른다는 두려움에 빠지게 한다. 이로 인해 환자는 학대받고 버림받을 거라고 지레짐작을 하여 자신을 방어하기 위해 애쓰게 된다. 특히 이러한 반응은 타인과의 관계에서 분명하게 나타나는데 환자는 다른 사람과 어울리지 않고 거부함으로써 타인들과 일정한 거리를 유지하려 한다. 만약 타인이 자신의 나약함을 알게 되면 환자는 굴욕감을 느끼고 처벌받고 결국 버림받을 것이라고 생각한다. 따라서 환자는 어떤 감정도 느끼지 않고 타인을 가까이 하지 않는 편이 더 나은 선택이라고 믿게 된다.

방어자양식의 환자 사례

(다음의 대화 사례에서 'T'는 치료자를, 'P'는 환자를 의미한다.)

T : 어떻게 지내고 있어요?

P : (아무런 감정 없이) 좋아요.

T : 일주일 동안 어땠나요? 이야기하고 싶은 일이 있었나요?

P : (시선을 돌리며 하품한다) 아뇨, 특별히 없어요.

T : 그럼, 다 좋다는 얘긴가요?

P : 네, 다 괜찮아요. 오늘 상담 좀 일찍 마칠 수 있나요?

　　만약 고통스런 정서를 피하고자 했던 방법들이 효과가 떨어지는 것으로 드러나면 환자는 다른 도피수단을 강구한다. 도피수단으로는 물질남용, 자해(육체적인 통증이 때로 심리적인 고통을 마비시킬 수 있다), 칩거, 절교 혹은 자살시도 등이 있다. 경계선 성격장애 환자들은 방어자양식을 텅 빈 공간이나 차가운 감정과 같다고 이야기한다. 이들이 거리를 두는 방어자양식에 빠져 있는 동안은 모든 경험으로부터 차단된 듯한 감정을 느끼게 된다.

환자는 치료자가 자신과 친밀해지려하면 화를 내거나 냉소적으로 대하고 치료자를 자신으로부터 밀어내게 된다. 이때 치료자는 환자의 이러한 행동이 방어자양식을 취하는 것이지, 치료자나 치료자체를 거부하는 것은 아니라는 것을 알아차리는 것이 중요하다. 만약 환자가 분노를 심하게 표출하면 그것을 '분노하는 방어자양식'으로 분리해서 구별하는 것이 좋다.

특히 치료의 초기 단계에서는 '분노하는 방어자'와 '처벌적인 부모'를 구분하기가 어렵다. 구별하는 방법 중 하나는 분노가 향하는 방향을 관찰하는 것이다. '분노하는 방어자'의 화는 치료자 또는 그 밖의 타인을 향하는 반면, '처벌적인 부모'의 분노는 환자 자신에게로 향한다. 만일 치료자가 자신이 관찰한 바에 확신이 서지 않는다면, 환자에게 지금 어느 양식인지 말해줄 수 있느냐고 직접 질문할 수도 있다.

분노하는 방어자와 처벌적인 부모양식의 환자 사례

T : 제가 며칠 동안 휴가라고 말했을 때 당신은 화를 많이 냈어요. 이것은 어떤 양식에서 왔다고 생각세요?

분노하는 방어자양식의 반응 :

P : 그만두세요! 당신이 말하는 그 바보 같은 경계선 모델을 가지고 훈계하려구요? 당신은 오래 기다리지 못해요, 안 그래요? 더 좋은 생각은 할 수도 없죠, 그렇죠?

처벌적인 부모양식의 반응 :

P : 나는 그게 내 성격의 어느 부분인지 몰라요. 당신을 믿다니.... 나는 그저 내가 완전히 바보였다는 생각 밖에 안 들고.... 다시는 그런 실수를 하지 않을 거예요. 어쨌든 상관없고 나는 절대 나아지지 않을 거예요.

치료 초기에 '분노하는 방어자'와 '화난 아이양식' 사이의 미세한 차이를 구별한다는 것 또한 어렵다. 일반적으로 분노의 반응 정도에서 그 차이를 알 수 있다('화난/충동적인 아이' 부분 참조).

위 사례들은 대인관계에서 논리적인 대화를 통해 자신을 표현하는 방어자의 모습이다. 방어자가 자신을 표현하는 또 다른 모습은 피로감을 드러내고 잠으로 빠지는 것이다. 이런 경우에 치료자는 환자가 실제로 피곤한 것인지 아니면 환자가 방어자양식을 취하는 것인지를 판단해야 한다.

방어자양식에 빠져 있는 경우에는, 환자가 치료자를 피하고 치료를 중단해서 자신의 문제를 해결하지 않으려고 하는 위기가 찾아온다. 또한 환자는 분열증상, 자해, 마비, 물질중독(예, 약물이나 알코올) 등의 문제에 빠져들거나 자살을 시도할 수도 있다. 이런 이유 때문에 방어자양식이 나타나 환자가 상황을 회피하려고 하는 순간을 잘 포착하는 것이 매우 중요하다. 바로 그 순간이 환자로 하여금 자신의 진정한 문제에 직면하는 기회가 될 수 있기 때문이다.

버림받은/학대받은 아이

버림받은/학대받은 아이양식에서는 '어린(little)'이란 단어를 환자이름 앞에 붙이기도 한다. 예를 들어 '노라'라는 환자를 말할 때 '어린 노라'가 되는 것이다. 어린 노라는 슬픔에 잠기고 절망적이고, 가끔 공황상태에 빠진다. 이 때 환자의 생각과 행동은 버림받은/학대받은 상태인 4~6세 아이 때로 돌아가고 아이의 목소리를 내기도 한다. 그녀는 혼자이며 자신을 돌봐줄 사람은 아무도 없다고 느끼게 된다. 여기에 깔려 있는 환자의 기본 신념은 '믿을 사람이 아무도 없다'이다. 모든 사람이 자신을 학대하고 마지막엔 버릴 것이라 여기며 세상은 위협적이고 무서우며 희망이 없는 곳이라 느낀다. 또한 어린 노라는 흑백논리를 가지고 지속적이고 즉각적인 확신과 해결책을 원하지만, 스스로는 결단을 내리지 못한다. 치료초기단계에 어린 노라의 핵심적인 위기상황을 만난다면, 이것은 치료자에게는 큰 기회가 될 수 있다. 치료를 위해서는 환자의 아이양식을 노출시키고 직면토록 해야 하는데 치료초기에 환자는 자신의 버림받은 아이를 잘 내비치지 않기 때문이다(9장 버림받은/학대받은 아이양식에 대한 치료방법 참조).

환자가 아이양식의 상태일 때 환자는 모든 해결책이 치료자에게 있다는 희망으로 그에게 매달리며 완전하고 지속적인 위안과 공감을 기대한다. 이 시기에 치료자는 환자의 기대에 압도당할 수도 있어서, 환자의 도움요청에 응하기 위하여 치료자가 해결책을 급히 찾으려고 하거나, 또는 환자와 거리를 두고 싶어서 환자를 전화상담 센터에 떠넘기는 경우도 있다. 그러나 환자가 다시 공황에 빠지게 되면 환자는 모든 노력이 수포로 된 것처럼 느끼게 되어 자신의 문제가 절대 끝나지 않을 거라고 믿을 수 있다.

치료자가 계속해서 해결책만을 충고하려고든다면 노라의 절망감과 치료자의 무능력감이 더 극대화 될 것이다. 이로 인해 어린 노라는 이해받지 못하고 거절당했다는 느낌으로 더욱 절망할 수도 있다.

중요한 것은 치료자는 반드시 어린 노라의 존재를 인정해야 한다는 것이다. 어린 노라를 지지하고, 기분을 공감하고, 안전한 안식처를 제공하며, 과거에 학대받은 경험에 대하여 말할 수 있도록 격려해야 한다. 즉 치료자는 노라가 아동기에 심하게 거부당한 것을 이야기 할 수 있게 도와야 한다.

화난/충동적인 아이

경계선 성격장애는 버림받은/학대받은 아이양식 이외에 화난/충동적인 아이양식이 있다. 치료초기에는 화난/충동적인 아이양식이 절망감(어린 노라)과 수치심(처벌적인 부모)에 의해 가려져 있다. 이러한 이유로 치료초기에 화난/충동적인 아이양식은 발견되기 매우 어렵다. 화난 노라는 성내며, 날뛰고, 좌절하고 참을성이 없는 어린아이(대략 4세 정도)로 타인에 대한 관심과 배려가 없다. 이 양식의 환자는 종종 치료자를 포함한 타인에게 언어폭력과 동시에 신체적 위협까지도 보이며 자신의 요구가 충족되지 않고 무시된다며 분노한다. 화난 노라는 할 수 있는 건 뭐든지 다해야 하고 그렇지 않으면 아무것도 얻지 못할 것이라 여긴다. 그리고 자신은 항상 이용당할 거라고 확신하기 때문에 타인에게 화를 낼뿐만 아니라 모든 사람이 어떻게 자신을 홀대 했는지 증명하려고 한다. 화난 노라는 타인이 자신을 무시한 것에 대한 복수로서 언어적 또는 신체적으로 공격하거나, 자신을 자해하거나 자살을 시도하기도 한다. 이것은 물론 화난 노라의 극단적 양식에 대한 예이며 소극적으로는 치료에 참여하지 않거나 모든 치료를 중단하는 것으로 나타내기도 한다.

화난 아이양식과 화난 방어자양식을 구별하기는 쉽지 않지만 화가 어떻게 나타나는지를 보고 구별할 수 있다. 화내는 아이는 충동적이고, 비합리적이며, 부적절하거나 전혀 상관없는 이야기를 한다. 반면에 화내는 방어자는 분노를 조금은 더 조절할 수 있기 때문에 분노보다는 냉소에 가까운 모습을 보인다(9장 화난/충동적인 아이양식에 대한 치료방법 참조).

분노의 폭발은 충동적이고 예측할 수 없다. 이는 치료에서 꼭 다루어져야 하고 치료자는 환자의 분노에 대하여 평정심과 안정을 유지해야 한다. 그러나 환자가 사람을 위협하거나 물건을 부수는 등의 한계를 넘어선 행동을 할 때에는 제한을 두어야 한다.

이 양식에 대한 치료의 목적은 환자가 분노를 표현해도 된다는 것을 배우도록 하는 것이다.

그러나 분노를 충동적이고 극단적인 방법이 아닌, 건강한 방향으로 표현할 수 있도록 해야 한다. 이 양식에 있는 환자의 두 번째 특징은 자신의 욕구를 만족시키기 위하여 매우 충동적으로 행동한다는 것이다. 예를 들어 모르는 사람과 성관계를 맺는 것과 같은 행동으로 자신의 가치와 보살핌을 느끼려고 한다. 다른 증상으로는 충동구매, 알코올과 약물남용 그리고 폭식 등이 있다. 환자는 자신의 행동이 만들어낼 수 있는 장기적인 악영향에 대하여 심사숙고 하지 않으며, 처벌적인 양식에 대한 반항심과 욕구를 만족시키려는 목적에서 행동하는 경우가 많다. 특히 알코올이나 신경안정제 또는 두 가지 모두를 병용하는 경우 충동을 억제하기는 더욱 힘들어진다. 치료자의 목표는 환자가 자신의 욕구를 없애려고 노력하는 대신 욕구를 인정하는 법을 배우고, 욕구를 건강한 방법을 통해 충족시키는 방향으로 발전시키는 것이다.

처벌적인 부모

처벌적인 부모양식은 다른 이름으로 불리기도 한다. 부모 중 어느 쪽이 처벌하는 쪽인지가 확실하면 '처벌적인 엄마 또는 아빠'라고 부를 수 있다. 환자는 부모에 대한 어긋난 효심 때문에 이름 붙이기조차 꺼려할 수도 있다. 이런 경우 간단히 처벌하는 쪽 또는 처벌자라고 할 수 있다.

처벌적인 부모는 조롱과 비난 그리고 모욕감을 준다. 이 양식에 의하면 노라는 잘못했고 처벌받아 마땅하다고 생각한다. 또한 노라가 잘난 척한다고 말하며 노라가 실패한다면 노력을 충분히 하지 않았기 때문이라고 한다. 처벌적인 부모는 노라의 기분에 대해서는 관심이 없고 오로지 무엇인가를 조종하려고만 한다. 노라는 뭔가가 잘못되면 모든 것이 본인 탓이라 여긴다. 성공은 전적으로 성공하고자 하는 자신의 노력에 달려있다고 생각하며, 만약 자신이 실패하거나 또는 원했던 것이 실현되지 않으면 충분히 노력하지 않았기 때문이라고 여긴다.

처벌적인 부모양식의 환자 사례

T: 어떻게 지냈나요?

P: (화난 목소리) 안 좋아요.

T: 무슨 일이에요? 안 좋은 일이라도 있나요?

P: 바보 같은 짓을 했고 다 망쳤어요.

T: 일이 잘 안 풀린다는 건가요?

P: 저에겐 희망이 없고 지금 당신에게도 성가시게 만들뿐이에요.

처벌적인 부모양식이 나타나면 어린 노라는 위축되고 원하는 것을 얻을 수 없게 된다. 이럴 때 환자는 고의적으로 즐거운 일을 차단하거나 무시하면서 자신에게 가혹하게 대한다. 그녀는 또한 자해를 하거나 자살시도를 하는 것으로 자신을 벌줄 수도 있으며 심지어 치료자가 자신을 처벌하도록 유도하기도 한다. 회복에 필요한 어떤 활동도 거부하고 도움도 거절한다. 그 결과 치료는 성과 없이 급히 종결된다. 환자가 이러한 양식에 있을 때 치료의 목적은 건강하지 않은 신념과 행동을 적절한 것으로 변화시키는 것이다.

건강한 성인

경계선 성격장애를 다루는데 '건강한 성인'이란 단어가 이상하게 들릴지 모르나, 이것이 바로 환자가 개발시키고 유지해야하는 양식이다. 환자는 정상적이고 건강한 유년기를 보내지 못했고 통제할 수 없었던 일들을 겪었기에, 치료초반에 건강한 성인양식이 나타나기를 기대하기는 어렵다.

환자가 타인과의 결속력, 자율성, 자기표현, 자신의 가치와 현실적 한계를 다루는 것에 대한 경험이 적기 때문에, 치료초기에 치료자는 건강한 성인의 모델로서 역할을 수행하는 것이 매우 중요하다.

그러나 치료의 궁극적 목표는 환자를 근원적으로 안정되게 하는 건강한 성인양식을 개발하고 유지시키는 것이다. 치료가 후반부에 이르면 건강한 성인양식은 환자가 건강한 목표를 이루도록 도울 수 있게 된다. 타인과의 관계, 교육과 일자리 찾기, 또는 환자가 즐기면서 할 수 있는 활동 찾기 등과 같은 치료목표는 치료의 성공에 필수적인 것들이다. 환자가 건강한 성인양식에 있는 동안에는 자신의 감정을 적절히 표현하고 조절할 수 있는 능력을 보여 준다. 이것이 경계선 성격장애 환자들이 성취해야할 필수적인 기술이다.

다시 한 번 말하자면 치료초기에는 치료자가 건강한 성인의 모델로서 역할을 보여주면서 치료를 이끌며, 치료의 후반부에서는 환자가 건강한 성인양식의 역할을 스스로 잘 수행할 수 있게 해야 한다. 이것이 잘 이루어지면 치료는 건강하고 적절하게 마무리 지어질 수 있다.

요 약

'필요는 발명의 어머니'란 말이 있듯이 심리도식치료는 필요에 의해 진화되었다. 인지치료는 성격장애를 완치하기에는 부족한 부분이 있어서 다른 치료기술들과 인지치료가 혼합되어 '심리도식치료'로 발전되었으며, 그 이후 심리도식치료는 경계선 성격장애에 대한 치료 중에서도 비용적인 측면에 있어 매우 효과적이라는 연구결과도 얻게 되었다.

심리도식 양식모델은 경계선 성격장애를 가진 환자가 심한 기분변화를 일으키는 이유를 알려 준다. 앞으로 우리는 치료단계들에 대한 설명(3장)과 주요 기법(5~8장)을 살펴보고, 9장에서는 다양한 기법들이 각각의 심리도식 양식에 어떻게 적용되는지 알아 볼 것이다.

3

치 료

Treatment

경계선 성격장애 치료는 감정, 생각, 행동의 변화에 초점을 맞춘다. 이것은 심리도식에 있는 세 가지 요소인 생각, 감정 및 느낌 그리고 행동에 바탕을 둔 것이다.

이 세 가지 요소 이외에도 '치료 외의 경험', '치료 상황경험', '과거 상황경험'의 3가지 주제로 나누기도 한다. 이러한 구분은 어떤 치료기술이 주어진 상황에 가장 잘 맞는지 알 수 있게 해준다(표 3.1 참조).

어떤 기법에 환자가 초점을 맞추든 일단 치료자와 환자 사이에 신뢰와 애착이 형성되면 성공 할 수 있다(표 3.1에서 '치료 상황'참조). 치료자와 환자 사이의 치료관계가 중요하기 때문에 4장에서는 바로 치료관계에 대해서 다룰 것이다. 일단 치료관계에 대하여 충분히 설명한 후에, 5장에서는 감정 및 느낌 변화와 관련된 체험적 기법을 논의하고, 6장에서는 생각 또는 신념의 변화와 관련된 인지적 기법을, 마지막으로 7장에서는 행동 또는 표현의 변화를 다루는 행동적 기법에 대해 알아본다. 표 3.1에 있는 세부 기술들은 관련된 각각의 장에서 다루어진다. 먼저 경계선 성격장애 환자에 대한 심리도식 치료단계를 설명하고자 한다.

| 표 3.1 | 치료기술

초점	느낌	생각	행동
치료 외	*현 상황 역할극 *현 상황 심상 *감정 느끼기 연습 *감정노출	*소크라테스식 대화법 *새로운 심리도식 만들기 *심리도식 대화 *대처카드 *긍정일기	*행동실험 *역할극 *문제해결 *새로운 행동시도하기
치료 상황	*제한된 재양육 *공감적 직면 *한계정하기 *치료자/환자 역할 바꾸기	*치료관계에서 환자의 　심리도식 인식하기 *치료자에 대한 관념에 　도전하기 *치료자의 심리도식 인식하기 *자기노출(self-disclosure)	*행동실험 *기능적인 행동 강화하기 *치료관계에 연관된 　기술 훈련하기 *치료자에 대한 모델링
과거 상황	*심상 다시쓰기 *과거역할극 *2개 이상의 의자기법 *편지쓰기	*과거사건의 재해석과 새로운 　도식으로 통합 *과거 상황시험하기	*과거 핵심인물들에 대한 　새로운 행동시험하기

치료준비

치료는 환자의 경험에 대한 폭넓은 조사에서부터 시작된다. 이 때 심리도식 양식에 대한 설명이 함께 이루어지며 치료횟수(주 1~2회) 또는 예상되는 기간(1~4년 또는 그 이상)과 같은 실제적인 사항도 결정한다.

치료를 녹음하는 것은 일반적인 일이지만 심리도식치료에서 특이한 점은 환자에게 녹음내용이 주어지고 다음 치료 시작 전까지 듣고 오기를 요청하는 것이다. 이러한 요청은 치료효과를 증가시킨다. 치료 중에 나왔던 모든 정보를 이해할 수 있는 환자는 없으므로 환자에게 녹음된 내용을 듣게 하는 것은 매우 효과적일 수 있다. 대개 환자는 녹음내용을 듣고서야 치료 중에 말했던 것을 제대로 이해하게 된다. 실제 치료시간 동안 환자는 듣고 이해하는 과정을 수행해내지 못하는 양식에 있을 때도 있다. 그 이유는 환자가 어떤 특정 양식속에 있게 되면 음성의 톤이나 언어의 인지과정이 왜곡되어 이해하는 것에 큰 영향을 줄 수 있기 때문이다. 녹음내용을 다시 듣는 것은 단지 치료자체를 반복하는 것이 아니라 치료 중에 실제로 무엇이 말해졌고 행해졌는지를 확실하게 하는 의미가 된다.

녹음내용 듣기

노라는 종종 치료 중 나의 질문에서 벌 주는듯한 느낌을 자주 받는다고 말했다. 그녀가 잘못하고 있고 그녀에게 일어나는 모든 안 좋은 결과가 그녀 잘못이라고 생각하고 있다고 했다. 그녀는 바로 '처벌적인 양식'에 있었다. 이후에 그녀가 아이양식 또는 건강한 양식일 때 녹음내용을 들으면서, 실제 내 질문의 톤을 제대로 들을 수 있었고, 내가 단지 과거에 어떤 일이 있었는지에 관심을 갖는 것이지 그녀를 판단하려는 게 아니라는 것을 알게 되었다.

마지막으로 치료시간 이외의 상황에 대하여 사전에 협의하는 것이 중요하다. 환자는 어떤 때 치료자와 연락을 할 수 있는지, 또는 할 수 없는지에 대한 확실한 안내가 필요하다. 환자가 위기에 처했을 때 어떤 조치를 취해야 하는지, 치료자가 없을 때 누구를 만나야 하는지도 알고 있어야 한다 (4장 제한된 재양육 참조). 일반적으로 슈퍼비젼 그룹의 동료가 치료에 보조적으로 참여하기 때문에 치료자가 잠시 휴가를 내거나 병환이 있을 경우 동료가 치료자 역할을 대신 할 수 있다.

치료단계

2년 내지 3년 정도 진행되는 경계선 성격장애 환자를 위한 심리도식치료에서 각 회기 마다 어떤 주제들이 언급되어야 하는가에 대한 정형화된 틀은 없다. 그러나 치료에서 주요한 단계들은 있으며 치료자가 각기 다른 양식에 어떻게 대응해야 하는지를 아는 것은 심리도식치료 단계에 있어 매우 중요하다. 이런 이유로 각 치료기법을 다룬 후(5장~8장) 각각의 치료단계에서 치료자가 어떻게 다양한 양식을 다루는지를 9장에서 배울 것이다. 그리고 10장에서는 치료의 마지막 단계를 설명한다.

치료단계에 정해진 순서는 없으나 7가지의 특징적인 단계는 있다. 치료의 후반부에는 치료과정이 순환되기도 하는데, 이때 몇몇 단계는 생략될 수도 있다.

1. **치료초기단계와 사례개념화**
2. **축ㅣ 증상 치료**
3. **위기관리**
4. **심리도식 양식에 대한 치료**
5. **어린 시절 외상 다루기**
6. **행동패턴 변화시키기**
7. **상담 종결**

치료초기단계와 사례개념화

치료의 초기단계는 대체로 6~12회기가 걸린다. 그 기간에 진단 인터뷰를 마치게 되며 인터뷰가 진행되는 동안 환자는 자신과 관련된 모든 문제와 불편한 점을 상세하게 진술하게 된다. 현재까지의 모든 병력이나 외상경험에 대하여 이야기하면서 치료자는 부모(돌봐 주는 사람)와의 관계, 그리고 역기능적 심리도식의 형성에 관련될 만한 사건을 조사한다. 치료를 진행하기 전에 경계선 성격장애증상을 검사하는 것뿐만 아니라 '고려사항'(2장 참조)도 조사하며 환자와 치료자가 함께 양식모델(2장 참조)에 기반을 두고 사례개념화를 한다. 또한 환자가 이해하고 공감할 수 있도록 각각의 양식들을 환자에게 설명한다(그림 3.1).

인터뷰를 하는 동안 치료자는 환자와 안전하고 건강한 치료관계를 발전시켜나가야 한다. 이러한 관계는 '제한된 재양육'중의 하나로서, 치료자가 환자를 공감하고 보호하는 태도를 취하면서 또한 절도 있는 부모역할을 하는 것을 의미한다(4장 제한된 재양육 참조).

경계선 성격장애 환자의 정보를 모으고 사례개념화를 하는 과정을 평온한 대화로 시작하기는 거의 불가능하다. 롤러코스트를 타는 것 이상의 과정이 될 수도 있다. 대개 첫 날은 환자가 불편해하거나 성급하게 결과를 내려고 할 것이 분명하다.

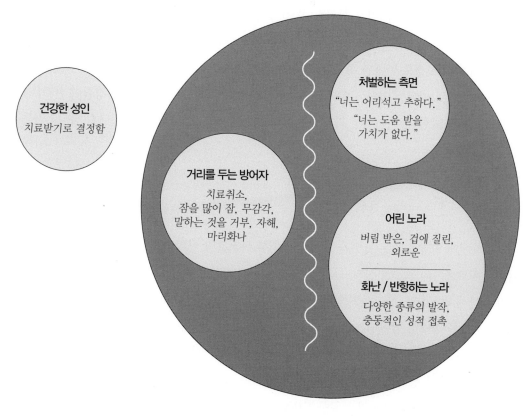

| 그림 3.1 | 노라의 사례개념화

치료관계 발전과 정보수집

첫 번째 회기에서 환자를 빠른 시간 안에 안전하게 느끼게 하고 치료를 이해시키기 위해서 치료자는 열려 있고, 우호적이며, 권위적이지 않은 자세를 취해야 한다(4장 '제한된 재양육' 참조). 치료자는 환자의 현재문제에 많은 시간을 할애하고 환자의 감정에 공감을 해야 한다. 환자와 함께 격렬한 감정을 유발하는 상황을 조사하며, 더 나아가 환자가 보통 어떻게 문제를 다루며, 그것이 문제를 해결하는데 어느 정도 도움이 되는지를 살펴본다. 또한 치료와 치료자를 향한 환자의 기대를 염두에 두고 환자에게 과거의 치료경험에 대하여 묻는다. 일반적으로 환자는 다양한 치료경험이 있으며 많은 경우 이미 만족스럽지 못한 결과를 얻었거나 심지어는 상처로 인해 치료자와의 신뢰가 깨어진(간혹 성적학대) 것을 경험했을 수 있다. 그러므로 환자가 치료시작 전부터 치료자를 불신 할수도 있다는 것을 알고 있어야 한다. 치료자는 환자에게 이번 치료에서 환자의 기대가 어느 정도 만족될 수 있는지와 일반적인 규칙에 대해 설명한다(4장에서 논의). 환자의 과거내력과 나타나는 양식 사이에는 연관관계가 있다. 치료자는 어떤 과거경험이 현재문제의 원인이 되는지 밝힌다. 여기에서 과거와 현재의 연결고리를 조사하기 위해 간단한 심상훈련을 할 수 있다(5장 참조).

검 사

환자에게 영향을 주는 요인을 조사하기 위한 목적뿐만 아니라 환자의 심리도식을 평가하기 위하여 치료초기에 Young 심리도식 질문지(Young,1999)나 다른 질문지를 수행하며, 그 결과는 환자와 함께 검토한다. Young의 양육목록(Young Parenting Inventory)은 무엇이 특정양식을 발전시켰는가를 명백히 알아내는데 도움이 될 수 있다. 경계선 성격장애지수(BPDSI: Borderline Personality Disorder Severity Index)는 DSM-IV 기준을 기반으로 한 것으로서 지난 3개월 안에 경험한 경계선 성격장애증상의 심각성과 빈도를 평가하는 질문들로 구성 되어있다(Arntz와 동료들, 2003; Giesen-Bloo와 동료들, 2006, 2008).

경계선 성격장애 질문지를 통해서는 환자가 지난 1개월 내에 경계선 성격장애증상으로 어느 정도 괴로웠는지를 알 수 있다(Arntz and Dressen, 1995; Giesen-Bloo와 동료들, 2008). 성격장애 신뢰질문지(PDBQ: Personality Disorder Beliefs Questionnaire)에는 경계선 성격장애와 관련된 척도가 포함되어 있으며(Arntz와 동료들, 2003), 경계선 성격장애의 구체적인 항목은 성격신뢰 검사지(PBQ: Personality Beliefs Questionnaire)로부터 비롯되었다(Butler와 동료들,

2002). 최근에는 환자의 양식을 밝히는데 도움이 되는 심리도식 양식목록(SMI: Schema Mode Inventory)과 Young Atkinson 양식목록(YAMI: Young Atkinson Mode Inventory)이 개발되었다(Lobbestael과 동료들, 2008).

치료이론 설명하기

일단 경계선 성격장애 진단이 내려지면 치료자는 경계선 성격장애 모델과 그것의 양식에 대한 치료이론을 환자에게 설명한다. 치료자는 환자의 현재문제가 심리도식 및 심리도식 양식과 어떻게 연결되어 있는지 설명하며 더 나아가 각각의 양식이 감정과 생각, 행동을 어떻게 유발하는지 설명한다(부록A: 환자를 위한 심리도식치료 참조). 더 상세한 설명이 필요하면 Young의 저서 중 하나인 "새로운 나를 여는 열쇠" (Young and Klosko, 1994, Reinventing Your Life, 번역서: 열음사, 2004)를 참조 할 수 있다.

대부분의 경계선 성격장애를 가진 환자들은 경계선 성격장애 모델에 대한 설명을 통해 깨달음을 얻는다. 경계선 성격장애 모델은 그들이 왜 갑작스럽게 기분이 오락가락 하는지와 행동을 조절할 수 없는지에 대하여 명백하게 알려준다(9장 '체스게임과 핀볼게임 동시에 하기' 참조). 그리고 더 나아가 조절 불가능한 행동과 오락가락하는 기분에 의해 삶이 운명 지어진 것이 아니고 삶을 변화시킬 수 있다는 희망을 제시한다.

환자가 어떤 경계선 성격장애 모델이 자신의 상황과는 잘 맞지 않다고 생각한다면 거기에는 일반적으로 두 가지의 가능성이 있다. 하나는 확실한 경계선 성격장애를 가지고 있지 않을 가능성과 또 다른 하나는 경계선 성격장애를 가지고 있지만 강한 방어자양식이 있을 가능성이다. 방어자양식으로 인해 환자는 치료자가 말하는 모든 것을 수상하고 믿을 수 없는 것으로 간주한다. 만약 후자인 경우 치료자는 심리도식 양식을 설명하고 설득시키는데 너무 많은 시간을 할애하는 것보다는 환자와의 신뢰관계를 형성하는데 더 많은 시간을 들이는 것이 바람직하다.

축―I 증상 치료

심리도식치료를 시작하기 전에 주의를 요하는 주요 증상이 몇 가지 있다. 이것은 2장의 '고려사항' 부분에서 다루었던 것과 같다. 사실 이 단계는 생략될 수도 있지만 치료 중에 이러한 증상들이 나타난다면 먼저 이 증상을 다룰 필요가 있다. 이러한 특정 증상에 대한 치료는 경계선 성격장애가 아닌 환자를 치료하는 방법과 다르지 않으며 다른 연구에서도 충분히 설명되어 있기 때문에 여기서는 설명하지 않는다.

위기관리

치료의 초기에 위기가 나타나지 않는다면 위기관리는 건너뛸 수 있거나 치료과정의 후반부로 돌려보내질 수 있다. 그러나 위기가 나타난다면 확실히 높은 주의가 필요하다(8장 '위기' 참조).

심리도식 양식에 대한 치료

이것은 치료의 핵심단계이고 몇 년 동안 지속될 수 있다(5장–10장 참조). 환자가 어떻게 심리도식이 작동하는지 그들 스스로 설명할 수 있고 치료자가 어떻게 치료를 시작할 것인가(작업방법)에 대하여 설명되었을 때, 비로소 치료의 첫 번째 단계가 마무리 된다. 첫 단계 이후에서는 경우에 따라 양식모델을 짧게 '재교육'하는 것이 불필요한 것은 아니지만 치료의 어느 시점에서는 정보를 모으거나 설명하는 것을 멈추고 사고와 행동을 바꾸는 쪽으로 나아가야 한다. 많은 치료자들은 이것이 힘든 부분이라고 느낀다. 어떤 치료자는 이 순간을 깊은 심해를 다이빙할 때의 두려움과 비슷하다고 한다. 특히 체험적 기법에서 새로운 기술을 시도하려고 할 때 더욱 그러하다. 그렇지만 망설이지 말고 시도하길 권한다. 물론 항상 슈퍼비젼그룹에 문의하거나 조언을 구할 수 있다.

어린 시절 트라우마 치료하기

어린 시절 트라우마를 다루기 위해 치료자는 환자와 지지하는 관계를 유지해야할 뿐만 아니라 우선 환자의 건강한 성인양식부터 강화해야 한다. 이러한 이유로 어린 시절의 트라우마을 다루는 것은 대개 치료의 후반단계까지 이루어지지 않는 것이 보통이다. 그러나 이 단계를 생략해서는 안 된다. 환자가 잘 지내고 있는 경우가 아님에도 불구하고 트라우마는 수용되는 것처럼 보이거나 트라우마를 다루는 것이 불필요한 것처럼 보일 수 있어서 지나치기 쉽기 때문이다(8장 '트라우마 다루기' 참조).

행동패턴 변화시키기

Young(2003)은 이 단계를 가장 길고 중요한 것이라고 했다(10장 '행동패턴 변화시키기' 참조). 환자가 더 이상 끊임없이 변하는 양식에 지배당하지 않고 건강한 성인양식을 발전시키는 중이라 하더라도 새로운 행동들이 일어나게 하는 것은 쉬운 일이 아니다.

치료종결

환자가 더 이상 경계선 성격장애의 진단기준에 해당되지 않고, 비교적 안정된 사회관계를 이루고, 하루를 의미 있게 채우는 방법을 발견하게 될 때, 비로소 치료의 종결이라고 할 수 있다(10장 '치료종결' 참조). 이런 경우가 아니라면 심리도식치료를 시작한지 일 년이 지나도 별다른 진전이 없을 때가 치료를 종결할 시점이다.

4

치료관계

The Therapeutic Relationship

대부분의 경계선 성격장애 환자는 타인들로부터 무시와 학대 그리고 이용당했던 긴 역사를 가지고 있다. 그래서 치료자가 안전하고 신뢰 있는 관계를 구축하는데는 많은 시간과 헌신이 필요하다. 슬픈 일이지만 유감스럽게도 몇몇 치료자들은 다소 부정적인 경력을 가지고 있다. 많은 환자들이 치료자와의 좋지 않은 경험이 있거나 치료가 조기종료 되어버린 경험을 가지고 있다는 것을 주목해야 한다. 이러한 이유로 치료자는 환자와 안정되고 신뢰 있는 관계를 구축하는데 더욱 많은 시간과 에너지를 쏟아야 한다.

치료자가 훌륭한 슈퍼비젼 그룹의 도움을 받는 것도 중요하지만 상당한 인내심을 가지는 것은 더욱 중요하다. 다른 심리치료와 비교하면 심리도식치료는 상당한 시간과 노력이 요구된다. 한편 치료자는 환자와 특별한 관계를 맺는 동시에 자신의 경계를 두는 능력을 유지함으로써 환자의 영역을 보호해야 한다. 그러기 위해서는 치료자는 자신의 역기능적인 심리도식을 알아야 되며 그것을 건강한 방식으로 다룰 줄 알아야 한다. 이어서 환자와 치료자 사이의 치료관계에 대한 중요한 사항을 알아보도록 한다.

제한된 재양육

제한된 재양육(limited reparenting)은 의도된 부모관계라 볼 수 있다. 이러한 치료자의 태도는 치료과정의 근간이 되는데 다른 말로 하면 마치 치료자가 부모인듯한 태도를 취하는 것을 뜻한다. 여기서 '마치'라는 단어의 의미는 부모가 되는 것이 이 치료의 목적이 아니라 부모모델에 어울리는 적절한 행동과 반응을 한다는 뜻이다. 치료자는 적어도 3년 또는 가능하다면 더 길게 환자와 함께 할 생각을 가지고 치료를 시작한다. 가끔 더 많은 시간이 필요할 수도 있다. 예를 들어 위기가 오는 경우에는 시간이 더 필요하다. 경계선 성격장애 환자를 다룰 때 치료자는 환자와의 접촉이 용이한 상태를 유지하는 것이 좋다. 어떤 치료자는 환자가 치료시간 이후에 위기가 오거나 자살시도를 하려고 할 때 치료자에게 연락을 취할 수 있도록 환자에게 전화번호를 알려주기도 한다. 위기동안 치료자가 환자를 수용할 수 있다면 시기적절하게 위기를 경감시킬 수 있을 뿐만 아니라 환자와의 관계를 더욱 강화시킬 수 있을 것이다. 치료가 끝났을 때 노라는 그녀에게 위기상황이 발생했을 때 치료자에게 연락할 수 있다는 것이 매우 중요했다고 분명하게 이야기했다. 그것은 그녀가 존중과 관심을 받고 있다고 느끼게 했다. 치료 받는 3년 동안 노라는 치료 외 시간에 10번 치료자에게 연락을 했는데 치료 첫 해에 10번 중 8번이 행해졌다. 위기가 닥치고 자살시도를 할 때 걸 수 있는 전화번호를 제공한다고 해서 24시간 동안 환자를 돌봐야 하는 것은 아니다. 예를 들면 치료자는 그녀의 심각한 상황을 메시지로 남기도록 조정할 수 있다. 한편 이러한 방법은 어떤 때는 소용없는 경우도 있다(예를 들어 콘서트나 영화관에서 또는 잠들어 있거나 주말에 멀리 가거나 하는 경우). 이럴 때 자동응답전화는 환자가 치료자에게 연결되도록 해준다. 몇몇 환자는 단지 부재중 메시지를 듣는 것만으로도 가까이에 있는 위기가 무엇이든 간에 충분한 안도감을 느끼기도 한다. 만약 즉각적인 치료가 요구되는 격렬한 위기상황인데도 치료자가 응할 수 없을 때 환자는 첫 번째 회기 때 논의 되었던 대처과정을 따를 수 있는데, 이것은 환자가 담당의사나 위기센터와 같은 곳에 도움을 요청하는 것이다.

제한된 재양육에는 과거에 무시된 기억을 돌보는 것이 포함되어 있다. 환자가 문제를 다루지 못할 때 치료자는 방향을 제시해야 하고 필요에 따라 제한을 두어야 한다. 치료자는 환자의 능력을 발전시키고 개선하기 위한 노력을 함께 할 것이고 자율성과 책임감을 발전시키도록 고취시킬 것이다. 때가 이르면 건강한 심리도식을 구축하는 치료자의 역할을 환자는 자신의 것으로 내면화하게 된다. 이것은 환자가 새로운 삶을 구축할 수 있게 한다. 이어서 제한된 재양육에 포함된 세부기술에 대하여 설명하고자 한다.

좋은 보살핌

경계선 성격장애 환자를 다룰 때 치료자는 일반적인 치료이상의 역할을 할 수 있어야 한다. 더 나아가 오랜 기간 동안 지속적으로 환자를 돌볼 준비가 되어있어야 한다. 모든 부모자식 간의 관계와 마찬가지로 환자에 대한 마음이 항상 편안하고 즐거운 것만은 아니다. 치료관계는 보통 환자의 기대로 인해 더 악화되기도 한다. 어린 시절동안 충족되지 못한 욕구들 때문에 환자는 치료자에게 높은 기대를 갖는 경향이 있으므로 환자에게 무엇을 해야 하고, 무엇을 하지 말아야 하는지에 대하여 명확한 입장을 가지고 있어야 한다. 그리고 '한계'에 대하여 확실하게 소통해야만 한다('한계정하기' 참조). '한계'에 대한 방식은 치료자들마다 다르며 치료관계는 슈퍼비전의 모임에서 정기적인 주제가 된다. 특별한 성과를 내기 위하여 다소 지나친 요구를 하는 의욕이 넘치는 치료자들은 대개 '한계정하기'에 있어 한계를 너무 멀리까지 초과 설정하는(또는 한계가 깨지는 것을 허용하는)경향이 있다. 이런 경우에는 소진의 위험 또는 '치료관계' 없이 치료자와의 관계를 시작하는 것과 같은 경계를 넘는 행동의 위험이 존재한다. 치료자는 신중해야 하며 치료과정에서 포기와 남용의 패턴이 반복되는 것은 이미 심하게 손상을 받은 환자에게 매우 심하게 다시 손상을 주는 것이라는 것을 알아야 한다.

치료자가 환자에 대하여 할 수 있는 게 없거나 마지못해 치료를 하게 되는 상황에 이르게 되었을 때, 치료자는 환자에게 이야기해야만하며 그가 속한 협회 또는 센터의 규칙이나 규정 뒤에 숨어서는 안 된다(공감적 직면 참조). 치료동안 일어나는 좌절은 단지 치료과정의 전형적인 한 부분이다. 마치 좌절이 자녀양육과정의 전형적인 한 부분인 것과 같다. 치료자는 환자가 적절한 방식으로 이러한 좌절을 다룰 수 있도록 해주어야 한다(9장 화난/충동적인 아이양식에 대한 치료방법 참조).

방향제시하기

부모가 자녀들에게 조언과 충고를 하듯 치료자는 환자의 건강한 발전을 촉진하는 조언과 견해를 제공한다. 또한 환자의 행동이 피해를 유발할 수 있다고 생각될 때 치료자는 개입할 수 있다. 환자가 치료에 방해되는 행동을 할 때(치료에 자주 빠지기 등) 또는 관련된 주제에 대하여 말하는 것을 거부할 때도 개입 할 수 있다. 치료자는 환자가 이러한 행동을 알아차리도록 할 수 있고 행동원인과 심리도식 양식을 연관 지을 수 있으며 더 나아가 환자가 이러한 행동을 변화시키도록 동기를 부여할 수도 있다. 치료 상황 밖에서 일어나는 위험한 행동도 다루어야만 하며 치료중에 긍정적 변화를 방해하는 행동 또한 관리해야 한다. 피해를 주는 행동의 예로는 약물남용, 건강을 해칠 수 있거나 또는 불규칙적인 식사, 학대하는 친구나 파트너와의 지속적인 관계유지 등이다. 만약 환자가 자신의 삶을 위협하는 행동이나 다른 사람들을 위협하는 행동을 보인다면 이것은 치료의 우선순위가 되어야 한다. 치료자는 어떤 양식이 이러한 행동을 이끄는지 그리고 어떻게 환자가 그것을 멈출 수 있는지 설명하고 필요하다면 이러한 행동을 대안행동으로 바꾸는 것을 도울 수도 있다. 그러나 피해를 주는 행동이 감소되지 않는다면 치료자는 '한계'를 두는 쪽으로 결정을 바꿀 수 있어야 한다(한계정하기 참조). 그리고 피해를 주는 행동이 확인되고 멈추어졌다 하더라도 더 이상 문제가 되지 않는다고 확신될 때까지 치료자는 피해를 주는 행동에 대하여 계속 질문을 해야 한다(예, 그녀가 어떻게 지내는지? 그녀가 여전히 '회복한' 상태인지?).

환자가 대인관계에 있어 문제를 가지고 있다면 치료자는 환자와 관련된 사람으로부터 정보를 얻어 볼 수 있다. 예를 들어 환자의 파트너를 치료에 참여시키도록 제안해 볼 수 있다. 만약 환자가 파트너를 참여시키는 것을 원치 않거나 파트너 자신이 참여하는 것을 원치 않는다면 치료자는 그 선택을 존중해 주어야 하며 환자로부터 얻은 정보를 바탕으로 주위환경에 대한 정보를 얻는다. 만약 파트너가 환자에게 좋은 영향력을 미치고 있다고 생각되면 치료자는 그들이 관계 문제를 풀어나가도록 도울 수 있다. 치료자는 또한 경계선 성격장애에 대한 심리교육을 할 수 있다. 환자의 파트너에게 경계선 성격장애에 대한 교육을 함으로써 그들에게 펼쳐진 상황에 대해 더 잘 이해할 수 있도록 도울 수 있다. 그들은 커지는 갈등을 막기 위하여 무엇을 해야 할지와 위기를 극복하기 위하여 어떻게 할 수 있는지를 함께 토의한다. 필요하다면 파트너는 정기적으로 역기능적 심리도식에 대한 토의에 참석할 수 있다. 그러나 파트너가 환자에게 진심으로 관심을 가지지 않거나 환자에게 상처를 주는 경우도 많다. 파트너가 환자를 학대하거나 또는 혹사시킬 수도 있다. 이것은 과거의 고통스러운 문제를 끊임없이 재경험하게 하는 결과에 이르게 하므로 치료자는 환자를 보호해야만 하고 환자에게 파트너와 헤어지는 것에 대해 조언할 수 있다.

공감적 직면

치료관계는 안전한 피난처가 될 뿐만 아니라 변화의 원동력이 될 수 있다는 것은 틀림없는 사실이다. 일단 치료자와 환자사이가 안전하고 가까운 관계로 발전되면 치료자는 환자에게 스스로의 행동에 대한 결과를 직면시킬 수 있다. 이 과정에서 치료 중 나타나는 환자의 행동이나 치료 밖에서 다른 사람을 향한 환자의 행동에 대한 진술로 인해 치료자 자신에게 어떤 감정이 일어나는지 알아차리는 것은 매우 중요하다. 첫째로 치료자는 자신의 반응이 환자의 행동에 초점을 둔 것인지 아니면 아래에 깔려있는 자신의 역기능적인 심리도식에 의해 반발하는 것인지 탐색해야 한다(치료자의 심리도식과 자기노출 참조). 치료자는 자신의 역기능적 심리도식이 방해하지는 않았는지 여부를 확인한 후 환자를 우호적이고 인격적으로 대면해야 한다. 하지만 분명한 태도 또한 취해야 한다. 치료자가 신중히 해야 할 점은 환자를 한 **'인격체'**로써 거부하는 것이 아니라 거부하는 것은 바로 **'행동'**이라는 점이다. 또한 치료자는 추상적인 규칙과 규범 뒤에 숨지 말아야 하며(예, 그가 속한 협회의 법규 또는 전문적인 윤리규범) 오히려 매우 정직하고 인격적인 태도로 대해야 한다.

공감적 직면 사례

T : 노라, 지난 주에 당신 아들의 선생님에게 당신이 한 행동을 제가 지지해 주길 바라고 있다는 건 잘 알고 있어요. 그러나 저는 당신이 바라는 바에 부담을 느껴요. 당신은 제가

다른 견해를 가지는 것을 용납하지 않는 것 같아요. 이건 저를 매우 곤란하게 만들고 제가 정말로 어떻게 생각하는지 말하기 힘들게 해요. 그러나 전 내 생각을 말할 계획입니다. 저는 당신을 지지하지는 않을 거예요.

P : (화를 내면서) 대단하십니다. 그러니까 당신 역시 내가 그 선생에게 잘못했다고 생각하시는 군요. 당신도 지금 나를 바보 취급하고 있어요!

T : 제 말은 그 뜻이 아니에요. 제가 당신을 지지하게 만들려는 당신의 태도 때문에 진정한 견해를 공유하지 못한다는 거예요. 만약 이 상황이 지속된다면 우리 사이에는 거리가 생길 겁니다. 저는 그런 일이 발생하는 것을 원하지 않아요.

P : (짧은 침묵이 흐른 뒤.....슬프게) 아마 당신은 그렇게 되길 원치 않겠죠. 그러나 당신도 역시 나를 떠날 것 같은 느낌이 들어요.

T : 그래요. 당신의 심정을 이해합니다. 지금 그 느낌이 다른 사람들이 당신에게 동의하지 않았을 때 자주 일어났었던 것이라는 것도요. 그때마다 당신은 매우 방어적이게 되고 거절당한 느낌을 받게 되죠. 결국 자신도 모르게 처벌하는 양식이 되는 겁니다. 또한 당신은 누군가가 당신에게 동의하지 않으면 당신을 바보로 여기고 거절하고 있다고 생각하고 있죠. 저는 당신의 이런 반응전체를 이해해요. 과거에 당신은 자신의 견해가 결코 허용된 적이 없었고 당신이 말할 때마다 어머니는 당신을 바보처럼 취급하곤 했죠. 그러나 지금은 상황이 다르다는 것을 깨달아야 해요. 저는 당신을 어리석다거나 바보로 생각하지 않아요. 그저 당신은 어떤 상황에는 잘 대처하지만, 어떤 상황에는 그다지 잘 대처하지 못한다고 생각해요. 그리고 저는 모든 것을 당신에게 동의해야만 한다는 강요된 느낌 없이 이야기 할 수 있었으면 좋겠어요. 당신이 저를 거부하고 자신을 고립시키지 않았으면 해요. 진정으로 긴장을 풀고 이 문제에 대하여 함께 이야기하기를 바래요.

직면을 하게 되면 환자는 종종 감정적으로 반응하거나 심지어는 직면의 경험을 처벌로 여길 수도 있다. 위의 사례에서 보듯이 노라는 처음에 화를 느꼈다. 그리고는 슬픔의 감정으로 바뀌었다. 치료자는 환자가 표현한 감정에 집중해야 한다. 그리고 환자에게 왜 자신의 행동을 직면하게 했는지 설명해야 한다. 감정을 직면한 후에 환자는 왜 이런 일들이 그렇게 자주 일어나는지, 이 행동이 잠재적인 심리도식과 어떻게 연결되어 있는지 분석하는 기회를 가져야 한다. 더 나아가 어떻게, 그리고 왜 이러한 신념으로 발전되어 왔고 그것을 건강한 신념으로 바꿀 수 있는지도 분석할 수 있다. 노라는 새로운 신념을 발전시키는데 도달했다. '만약 누군가가 나를 동의하지 않는

다면 그것은 나의 생각에 동의하지 않는 것이지, 나 자신을 거부하는 것이 아니다.'라고 바꾸었다. 마침내 사람을 믿지 못하는 심리도식은 그녀 안에서 천천히 깨어지고 건강한 심리도식으로 바뀔 수 있었다.

역할극과 역할 바꾸기

환자의 행동이 미치는 영향과 직면하게 하는 또 다른 방법은 역할을 바꾸어서 역할극을 하는 것이다. 이 방법은 행동이 미치는 영향에 대해 설명하는 것만으로는 부족한 경우 매우 효과적이다. 치료자는 환자에게 서로 역할을 바꾸자고 제안한다. 그리고 실제로 일어서서 환자와 자리를 바꾼다. 그런 다음 치료자는 이야기할게 하나도 없고 모든 것이 괜찮다고 말하는 방어자양식의 역할을 연기한다. 환자는(치료자 역할) 치료자(방어자양식의 환자 역할)가 자신의 문제를 이야기하도록 하기 위해 어떻게 설득해야 하는지를 생각해내야 한다. 일반적으로 대부분의 환자는 치료자역할을 잘 수행하며, 현재 무슨 일이 일어나고 있는지와 이런 경우에 왜 치료자가(환자의 방어자 양식에) 난처해 하는지를 깨닫게 된다.

한계정하기

분명한 한계를 정하는 것은 좋은 양육에 있어서 필수적이다. 한계에는 학대, 폭력, 자살에 대한 일반적인 한계가 있고 환자의 개인적인 한계들이 있다. 개인적 한계는 치료자마다 다르기 때문에 지침이 정해져 있지는 않다. 그러나 치료자가 너무 많은 것을 제한하거나 너무 빨리 제안해서는 안 된다. 치료를 방해하는 행동들이 심하게 나타날 때는 한계를 정해야하지만 치료초기에 좋은 치료적 관계를 맺기 위하여 치료자는 유연하고 허용적일 수도 있다. 일단 치료관계가 성립되면 치료자의 접근법은 점차로 변화된다. 그러나 아래와 같은 상황이 생기면 한계를 초기부터 확실하게 정하는 것이 필요하다.

1. 치료시간 외에 치료자에게 너무 많이 연락하거나 치료를 자주 취소하거나 빠지는 경우.
2. 접촉의 방식에 대한 비현실적인 기대들, 예를 들어 환자가 힘든 감정에 빠져있을 때 치료자가 안아 주기를 바라는 경우(치료자는 개인적인 경계를 넘어서고 있다는 느낌을 가질 수 있다).
3. 치료자를 위협하거나 사무실 집기들을 파괴하려고 하는 것과 같은 감정적이고 파괴적인 행동을 하는 경우.

4. 약물남용 또는 다른 물질남용이 있는 경우.

도덕적, 법적 한계를 넘어서는 행동들의 상세한 목록은 표 4.2에 언급하였다.

치료자는 자신이 일하고 있는 곳의 규정 및 적절한 윤리적 기준을 가지고 개인적인 경계를 결정한다. 여성치료자의 경우 여성 환자의 어깨를 안는 것에 대해 남성치료자보다는 편안해 할 수 있다. 그러나 이런 상황에서도 개인적인 경계는 상황에 따라 다르다. 치료자의 개인적 기준에 따라 한계가 설정되므로 어떤 경우에는 너무 적은 한계가 설정되기도 하고, 또는 한계설정에 대한 두려움 때문에 너무 거리를 두거나, 환자에게 관심을 주지 않는 치료자들도 있다. 보통 치료자들은 환자의 요청으로 인해 본인이 압도될까봐 걱정을 한다. 중요한 것은 한계를 설정하지 않는다면 적합한 치료적 태도가 형성되기 힘들다는 것이다. 슈퍼비젼 그룹은 이러한 한계설정을 신중하게 여기며 치료자가 환자에게 집중이 부족하거나 오랜 기간 동안 관심을 가지지 않은지를 살펴본다.

슈퍼비젼 그룹의 목적은 규범만을 강조하는 것이 아니다. 어떤 치료자에게 개인적인 선을 넘는 경험이 다른 치료자에게는 아주 평범한 것일 수 있다. 치료자가 한계를 설정하지 못해서 환자에게 악영향을 끼치는 경우에는 어떠한 개입도 시도하지 않아야 한다.

한계설정을 하는 가장 중요한 이유는 단연코 환자와 치료자 모두의 안전 때문이다. 치료자가 너무 적은 한계를 설정할 때 환자는 어린 시절부터 행해오던 위법에 해당되는 경계선 행동을 계속 지속할 수 있는데, 이것은 환자를 다치게 할 수도 있다. 예를 들어 치료자가 자해에 대한 한계를 정하지 않았을 경우 환자에게 손상을 줄 수 있으며, 이것은 치료자에게도 육체적, 심리적으로 충격을 줄 수 있고, 치료에 대한 열정이 급격히 사라지게 할 수도 있다. 이렇게 되면 환자는 다시 버림받는 경험을 하게 되고 치료받아야 될 또 하나의 트라우마가 생기게 된다.

치료자와 환자와의 관계가 너무 밀착된 경우 치료자는 환자를 제대로 제한시키지 못한다. 이것은 환자로 하여금 자신의 욕구가 좌절되는 것을 견디기 힘들게 만든다. 가장 나쁜 시나리오는 치료자와 환자가 친구가 되어 더 이상 치료가 진행되지 않는 경우이다.

만일 환자가 제한선을 넘는다고 느낀다면 즉시 환자에게 비처벌적인 방식으로 분명하게 알려야 한다. 보통 환자는 자신의 행동에 문제가 있다는 것을 알아차리지 못한다. 환자는 부모님이 무엇을 허용하고 무엇을 허용하지 않는지를 모르는 어린아이와 비슷한 수준의 사고를 하고 있다. 일반적으로 일단 치료자가 환자에게 상황을 설명하고 그런 다음 환자가 행동을 변화시킬 수 있도록 기회를 제공하는 방식으로 한계를 정하게 된다.

'한계정하기' 사례

노라는 상담에 종종 5분에서 10분 정도 늦게 도착했다. 치료자는 각 회기마다 충분한 시간이 필요했기 때문에 노라가 지각하는데 대해 불편한 감정을 가지고 있었다. 노라가 지각함으로 인해 치료자의 다음 상담에 지장이 생기자 치료자는 짜증이 나기 시작함을 느꼈다. 치료자는 앞으로의 치료에도 이 문제는 이어질 거라고 생각했기 때문에 노라와 이 문제에 대하여 토의하기로 결심했다.

T: 노라, 요즘 상담에 5분에서 10분 정도 늦어지는 일이 자주 있네요. 그때마다 나는 서두를 수밖에 없어서 신경이 많이 쓰이네요.

P: 네, 제가 오늘 늦긴 했지만 그렇게 자주 지각한 줄은 몰랐어요.

T: 몰랐을 수도 있어요. 아마 제가 치료시간이 초과되는 것을 문제 삼지 않았기 때문일 거예요. 사실 그동안 저는 다른 환자와의 상담에 늦지 않기 위해서 서둘러야만 했어요.

P: 네, 그것이 얼마나 당신을 곤란하게 했는지 알겠습니다. 그런데 이건 버스 때문이에요. 버스가 제시간에 왔으면 늦지 않았을 거예요.

T: 버스는 분명 언제든 제시간에 오지 않을 수 있어요. 자주 지각할 수밖에 없는 이유는 이해하지만 상담 받는 동안 시간을 잘 지켜주기를 부탁하고 싶네요. 그러면 제가 시간에 신경을 덜 쓸 수 있을 거예요. 시계 보는 시간에 당신과 당신이 하는 말에 더 관심을 가질 수 있을 겁니다.

P: 더 일찍 버스를 타도록 노력해 볼게요.

한계를 정한 후에 치료자는 그 한계설정에 해당하는 상황이 생길 때 환자가 경험하는 양식 (mode)들에 대해 토의한다. 처벌적인 부모양식의 경우라면 노라는 다음과 같이 반응할 수 있다. "너는 큰 실수를 했다. 그러니까 처벌받아 마땅하다." 어린 노라양식이라면 그 상황에서 두려움을 느낄 수 있고, 화난 노라양식은 화를 내면서 자신이 부당하게 취급당했다는 느낌을 갖게 될 것이다. 방어하는 노라양식은 다음 상담에 참석하지 않기로 결정할지도 모른다. 치료자는 각 양식에서 일어날 수 있는 여러 반응들에 대한 적절한 대처방식을 논의한다(9장 참조). 치료자는 어떤 양식이 환자로 하여금 경계를 넘어서게 만드는지도 논의해야 한다. 지각에 대한 노라와의 대화가 잘 이루어졌음에도 불구하고 그녀가 상담에 계속해서 늦는다면 그것은 다루는 주제가 너무 고통스러워 상담을 짧게 하려고 시도하는 방어자 양식일 수 있다.

| 표4.1 | 한계설정 단계

1. 환자가 위반행위(transgression)를 반복할 때 규칙을 설명한다.
    개인적인 동기부여를 고취시킨다.

2. 환자가 위반행위를 계속하면 규칙설명을 반복한다.
    당신의 느낌을 전달하고 개인적인 동기부여를 반복한다.

3. 위의 사항에도 불구하고 위반행위가 반복되면 앞으로 발생할 일의
    결과(consequence)를 알려 준다(아직은 실행하지 않음).

4. 그 후에도 환자가 위반행위를 반복하면 결과(consequence)를 실행한다.

5. 그 후에도 환자가 위반행위를 반복하면 발생할 일의 더 강도 높은 결과(consequence)를 알려준다.

6. 그 후에도 환자가 위반행위를 반복하면 더 강도 높은 결과(consequence)를 실행한다.

7. 그 후에도 환자가 위반행위를 반복하면 환자가 심사숙고 할 수 있도록 시간을 준다.

8. 그 후에도 위반행위가 계속되면 환자가 한계설정을 한 상태에서 환자 스스로가 치료를 원하는지, 아닌지를 고려할 수 있도록 시간을 준다.

9. 그래도 환자가 위반행위가 반복되면 치료의 종료를 알려준다.

10. 치료를 종료하고 환자가 다른 곳을 알아보도록 한다.

Young (personal communication)과 Arntz (2004)에 근거

한계를 정하는 것이 사실상 간단한 것은 아니다. 한계를 설정했을 때 환자가 따라올 수 있도록 준비단계를 사전에 계획하는 것이 좋다. 준비단계에서는 어떻게 한계를 설정할 것인가, 그것들이 잘 지켜지도록 할 방법, 지켜지지 않을 경우의 제재를 설정해야 한다.

표4.1은 이러한 단계들을 설명한다. '결과(consequence)'라는 단어는 처벌과 관련이 있을 수 있다. 그러나 여기서는 처벌이 아닌 결과라는 단어를 사용한다. 모든 결과는 예상 가능한 일뿐만 아니라 환자 자신도 모르는 사이에 한계를 지키지 못했을 때에도 반드시 해당되는 사항이다.

환자가 자신의 행동을 변화시키는 기회를 만들고 제공하는 과정이 바로 한계설정이므로 이 과정은 매우 중요하다. 이러한 이유로 표 4.1에서는 모든 필수단계를 충분히 언급하였다. 가장 강력한 결과는 치료의 종료일 것이다. 한계설정에서 결과설정은 변화를 위한 기회로서 단계적으로 적용되어야 한다. 예를 들어 반복되는 지각에 대한 결과로 상담을 즉시 취소해서는 안 된다는 것이다. 이것은 환자로 하여금 자신의 행동을 변화시키는 기회를 허용하지 않는 매우 심각한 제재의 한 예시가 될 수 있다. 제재의 적절한 단계와 예들은 표4.2에 나타나 있다.

환자가 한계설정을 자발적으로 따르는 기회를 주기도 전에 제재를 언급하지 말아야 한다. 한계설정 이후 필요한 경우에만 제재를 시행한다. 이는 마치 부모가 아이를 양육하는데 있어서 제재를 시행하는 것과 마찬가지다. 아이를 양육할 때 한계를 설정하지 않는다면 많은 위반행동이 초래 될 수 있을 것이다.

결과들이 도움을 줄 수 없다면 치료를 일시중지하는 것으로 환자에게 생각할 시간을 주고 환자 스스로가 그 치료를 계속하길 원하는지 여부를 선택할 수 있게 한다. 일단 환자가 자신의 행동을 자각하고 변화시킬 수 있다면 결과를 실행할 필요가 없다. 치료를 일시중지하거나 종결해야 하는 결과까지 나오는 상황은 좀처럼 드물다.

표4.2 한계위반에 대한 가능한 결과들

일반적 한계위반	가능한 적절한 조치
상담에 오지 않음	* 상담 외의 접촉을 줄이기. * 회기에 참여하지 않은 상황에 대하여 의논하기 위해 다음 회기 제한하기(한 주 건너뛰기)
늦게 도착 (지각)	* 예정된 종료시간을 초과하지 않기. * 환자가 늦은 시간만큼 상담시간 줄이기. * 지각한 회기의 다루는 내용 제한하기. * 10분 동안 지각에 대한 토의하기(상담시간 10분줄임).
상담 외에 너무 많은 접촉 (전화)	* 상담시간 이외 일상에서의 접촉 제한하기. * 몇 분 안에 대화(전화)를 마치기로 정하기. * 주 단위 이용 시간이나 횟수를 제한하기.
치료자를 향한 공격적인 행동	* 공격적인 행동은 제한되어 있다고 말하기. * 환자에게 다른 말을 사용하여 자신의 의사를 표현하도록 요청하기. * 방을 나가도록 요청하고 공격성이 가라앉은 후 다시 오도록 하기. * 치료자가 잠시 동안 상담 장소를 벗어나기.
물질남용 (마약/알코올)	* 보통 수준으로 사용을 줄이도록 동의 요청하기. * 상담시간 동안 오로지 물질남용의 감소를 위한 토의만 하기. * 물질남용에 대한 10분 토의로 상담을 짧게 줄이기. 그리고 보통수준의 사용에 대한 제안을 되풀이하기. * 마약/알코올 재활 치료소에 임시 위탁하기; 비정기적인 치료 지속.

	* 치료종결.
약물남용	* 문제가 되지 않을 정도로 사용을 줄이는데 동의 요청하기.
	* 재처방을 제한하기 (예, 일주일에 한 번).
	* 매일 명상하기. 반항적이거나 혐오적인 모습.
	* 환자에게 덜 산만한 방식으로 자신의 모습을 드러내도록 요청하기. (예, 블라우스에 단추를 채우도록 하라)
	* 환자를 볼 수 없도록 치료자가 자신의 의자를 돌려 앉기.
	* 환자에게 집으로 갈 것을 요청하거나, 다음에 옷을 갈아입고 다시 오라고 요청하기.
선물	* 선물을 돌려주기.
	* 다음번엔 선물을 버릴 것이라고 환자에게 말하고 선물 돌려주기.

대부분의 치료자들은 한계설정을 할 때까지 너무 오래 걸리는 경향이 있다. 적절한 시간에 한계설정을 하지 못한 치료자는 결국 환자와 정서적으로 거리를 두게 됨으로 인해 죄책감을 느끼게 되거나 치료자 자신의 불만족으로 인해 은근히 환자를 비난 할 수 있고 심하게 짜증을 내는 방식으로 반응하기도 한다. 이런 것들로 인해 치료가 조기에 종결될 수도 있다.

치료자의 심리도식과 자기노출

심리도식치료는 환자들과 오랜 기간 동안 치료관계를 가지는 것이 필요하다. 환자들은 매우 강렬한 감정을 가지고 있을 뿐만 아니라 그들 주위에 있는 사람들에게도 폭발적인 감정을 나타낸다. 이러한 이유로 치료자가 첫 번째로 갖추어야 할 능력은 예리한 통찰력으로 환자의 행동으로 인해 자신의 역기능적 심리도식이 촉발되는 것을 자각하는 능력이다. 치료자가 단기치료에 임할 때는 이와 같은 문제에 직면하지 않아도 되지만, 심리도식치료에서 치료관계는 중요한 변화 요인이기 때문에 치료자 자신의 역기능적 심리도식을 자각하는 것은 필수적이다. 우리는 여기서 이 주제를 가지고 더 깊이 들어가지는 않겠지만, 심리도식치료를 배우고 성공적으로 치료를 하려면 이 주제에 관한 문헌(Beck, 2004; Burns와 Auerbach, 1996; Young과 Klosko, 1994)을 살펴보는 것과 슈퍼비젼 그룹이 도움이 될 수 있다.

아래의 목록은 치료자가 만나게 되는 자신의 역기능적 심리도식의 몇 가지 예이다. 괄호 안은 각 예시들에 대한 관련도식 및 대처방식들이다(부록I 참조).

- 한계를 설정하는데 너무 오랜 기간이 걸리거나/ 한계의 범위를 너무 작게 설정하는 것/ 또는 치료시간 이외에 환자에게 너무 많은 시간을 할애하는 것.
  (승인추구/인정추구 또는 자기희생도식)

- 자신이 잘못하고 있다는 생각을 하는 것.
  (엄격한 기준/과잉진단 또는 실패도식)

- 놓친 회기에 대하여 토의하지 않는 것.
  (유기 또는 정서적 결핍도식으로 인한 치료자의 회피, 만일 이 주제를 다루게 되면 환자가 자신을 버리고 치료를 중단할지도 모른다는 두려움이 생길 가능성이 있으므로)

- 강렬한 감정에 대하여 무반응으로 대처함.
  (취약성 또는 정서적 억제도식)

- 자신의 개인적 결점들을 상쇄/무효화/부정하기 위하여 환자를 학대하는 것.
  (정서적 결핍, 의존 또는 특권의식도식)

- 환자에게 지지와 공감이 필요할 때 너무 냉정하고 쌀쌀맞은 경우.
  (정서적 억제도식)

- 환자가 실수했을 때 심하게 비판하는 경우.
  (부정성, 엄격한 기준, 처벌도식)

위의 예시 중 마지막 세 가지는 특히 치료를 부적절하게 만들 수 있다. 경계선 성격장애 환자는 그들의 어린 시절 동안 공감과 지지를 거부당해 왔다. 따라서 그들은 치료자로부터 공감과 지지를 상당히 요구한다. 처벌적인 양식으로 환자를 심하게 비판하고 학대하는 치료자는 환자의 아이양식의 부모로서 정서적 지지를 제공해줄 수 없다.

어떤 특정한 환자와 좋은/건강한 치료관계를 유지하는 데 문제가 있다는 것을 알아차려야만 치료관계의 분석을 할 수 있다(그림 4.1 참조).

치료자는 치료에 필요한 환자의 요구를 충족시키는 가까운 관계의 역할을 함과 동시에 환자와의 거리를 유지하는데 있어 균형점을 찾도록 노력해야 한다. 만일 둘 사이의 거리가 너무 먼 경우에는 개인적인 무언가를 공유하는 것이 관계를 향상시키는데 좋은 방식이 될 수 있다. 이것은 적절한 순간에 일어나야 하고 치료자 스스로가 감당할 수 있는 것이어야 한다. 치료자가 자신의 인생에 있어 어려운 상황에 어떻게 행동했는지에 대한 자기노출은 치료과정에 도움을 줄 수 있다. 그렇게 함으로써 환자에게 어려움들이 해결 불가능한 것이 아니라는 희망을 갖도록 할 수 있다.

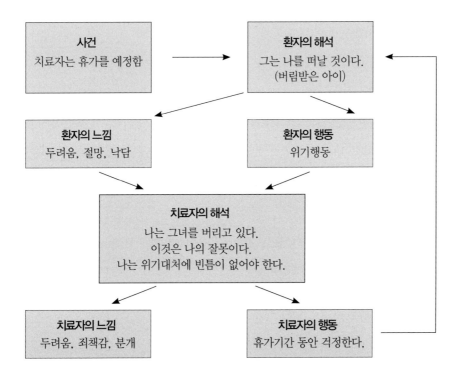

| 그림4.1 | 치료자와 환자사이의 상호작용에 대한 분석사례 (치료자의 관점에서)

인지적 기법과 치료관계

만일 치료관계에 있어 환자가 치료자에 대해 '그는 나를 푸념을 늘어놓는 사람이라고 본다' 같은 생각을 하거나 치료에 대해 '나는 오래 전에 이 치료를 그만뒀어야 했어'라고 여기는 역기능적 인식을 가지고 있는 것이 확실하다면, 그에 해당하는 인지적 접근방식을 이용하여 이것을 논의해야 한다(6장 참조). 환자는 치료 또는 치료 이외에서 일어나는 자신의 인지에 대해 도전하게 되고, 치료를 받는 동안 치료자에 대한 자신의 생각들이 정확한 것인지를 확인할 수 있다. 이때 치료자는 환자에게 가능한 한 솔직한 답변을 하도록 요구하지만 왜 그렇게 생각하는지는 묻지 않는다(표 4.3 참조).

표4.3 치료관계에 대한 인지일지

일어난 사건	치료자의 하품
느낌	두려움
생각	그는 나를 푸념을 늘어놓는 사람으로 생각한다.
행동	더 이상 어떤 것도 말하지 않는다.
내 생각에 대한 도전	그가 나를 매우 지루해하고 있다는 것을 입증하는 증거는 무엇인가? 그는 하품을 하고 있다. 또 다른 증거가 있는가? 그는 시계를 쳐다보았다. 이에 대하여 어떤 다른 설명을 할 수 있는가? 그는 항상 상담시간 동안 두 번 시계를 쳐다본다. 왜냐하면 그는 내가 토의하고 싶어 하는 것에 대해 이야기할 충분한 시간이 있는가를 확인하고 싶어 하기 때문이다. 그러나 평소 그는 결코 하품을 하지 않는다. 아마도 그는 지쳐있을 수도 있다. 휴식시간이 거의 다 되어간다. 만일 그가 정말로 나를 지루하다고 생각한다면 무슨 일이 발생할 것인가? 나는 그가 치료를 그만둘까봐 두렵다. 이것은 그와 함께 한 지금까지의 내 경험에서 나온 것일까? 아니다. 그에게 무엇을 생각하고 있는지 물었을 때, 그는 나에게 대답해 주었고 나를 지루해한다거나 치료를 끝낼 것을 고려하고 있다는 어떤 느낌도 주지 않았다. 그는 내가 가끔 너무 세세하게 모든 것을 말하려한다고 말했다. 현재의 내가 행동하는 방식일 수 있으며, 다시 말해 내가 지루해서가 아니라 내 이야기가 지루해서 일어난 일일 것이라는 것을 의미한다.
어떤 양식이 이런 생각들을 야기 시켰는가?	처벌적인 양식은 '내 잘못이고 나는 지루하다'라는 생각을 야기 시킨다. 방어자양식은 더 이상 어떤 이야기도 하지 않는 행동을 초래한다.
바라는 반응	이 상황을 바라보는 더 좋은 방법은 무엇인가? 그가 하품할 때 그가 무엇을 생각하고 있는지 알 수 있는 방법은 없다. 그의 하품

이 나 또는 나의 행동의 결과라고 즉각적으로 결론짓는 것은 불필요하다.

이 상황을 해결하는데 더 좋은 방법은 무엇인가?

그가 나에 대하여 어떻게 생각하는지 물어볼 수 있고 그가 나를 지루하게 생각하는지도 물어 볼 수 있다.

느낌	안심

행동적 기법과 치료관계

치료 밖에서 바라는 행동들을 연습하는 것뿐만 아니라 치료 회기 내에서 행동을 강화시키는 기술은 심리도식치료에서 중요한 부분이다.

행동적 기법과 치료관계의 사례

노라는 그녀가 부끄러워하는 무엇인가를 이야기할 때 창밖을 내다보는 경향이 있었다. 이 행동은 그녀로 하여금 중요한 정보를 놓치게 했는데, 특히 치료자의 표정같은 비언어적인 행동을 볼 수가 없었다. 그녀는 치료자의 말 안에는 거절의 말이 없었다하더라도 그의 표정을 본다면 거절을 발견할지도 모른다고 생각했다. 그는 그럴수록 더욱 제대로 쳐다보아야 한다고 제안했고, 그녀의 생각이 실제상황과 맞아 떨어지는지를 자주 확인해야 한다고 했다. 얼마 후에, 그녀는 치료자를 똑바로 쳐다보기 시작했고 그녀 자신의 감정을 더 공유하게 됐다.

치료자는 상담회기 동안 환자로 하여금 치료자에 대해 어떤 실험을 하도록 권장할 수 있다.

치료관계에서 행동실험의 사례

노라는 자신이 무언가를 이해할 수가 없다고 말할 때마다 치료자가 부정적 반응을 보이는가를 실험해 왔다. 그녀는 치료자에게 이것에 대해 말하지는 않았었다. 거절 받을까봐 두려워했지만 그러한 거절이 일어나지 않을 것이라는 확신이 서고 나서야 그녀는 자신의 실험에 대하여 이야기 했으며 그 결과에 대해 매우 놀라워했다. 그녀는 치료자가 자신을 바보라고 생각하지 않는다는 것을 확인하고 싶었던 것이다.

전체 치료과정 동안 치료자는 건강한 행동의 모범을 보여줌으로써 환자의 역할모델을 한다. 모든 것이 잘 진행되어 간다면 치료자는 존경스럽고, 분명하고, 정직하고, 흥미있고, 비판단적이고, 신뢰할 수 있는 균형 잡힌 행동의 본보기가 된다. 목표는 환자가 건강한 성인으로 발전하기 위하여 치료자 행동의 다양한 측면을 받아들이고 적응하도록 하는 것이다.

요 약

안전한 치료관계를 창조하는 것은 심리도식치료의 핵심이다. 체험적, 인지적, 행동적 기법들을 적용하는 동안 치료자는 계속해서 '제한된 재양육' 기술을 사용한다. 치료자는 친절하게 그러나 명료하고 단호하게 특정 문제들을 다룰 것이다. 이것은 또한 아이에게 무언가를 가르치기를 원할 때 행동하는 가장 좋은 방법이기도 하다. 치료자는 환자를 압박하지 않으면서 한편으로는 환자에게 자극이 너무 약하지 않도록 변화와 균형을 가져야 한다. 예를 들어 심상작업에 의해 강한 감정이 촉발되었을 때 시간을 좀 가진 다음, 그 다음 상담에서 이전 회기에서 무슨 일이 발생했는지 논의하면서 인지적으로 볼 수 있도록 하는 것이 바람직하다.

다음 장에서 우리는 다른 기법들을 다룰 것이다. 5장에서는 체험적 기법, 6장에서는 인지적 기법, 7장에서는 행동적 기법, 8장에서는 특정 기법을 살펴본다. 그리고 9장에서는 심리도식 양식에 이 기술들을 어떻게 적용할 것인가에 대해 살펴 볼 것이다.

체험적
기법

Experiential Techniques

느낌과 관련된 체험적 기법(표3.1)은 경계선 성격장애에 대한 심리도식치료에서 중요한 역할을 한다. 이 기법의 대부분은 환자의 현재뿐만 아니라 과거 상황에도 사용할 수 있기 때문에 이 장에서 현재와 과거 모두를 다룬다.

'심상 다시쓰기(imagery rescripting)'와 '과거 상황 역할극(historical role play)'의 이론적 배경은 Arntz와 Weertman(1999)의 논문에 기초한다.

심상

심상연습 동안 환자는 마음속에서 어떤 상황을 재창조하려고 시도한다. 그렇게 함으로써 환자는 그때 그 사람과 무슨 일이 일어났었는지를 그대로 다시 경험하고 그때 그 감정이 무엇이었는지를 경험하게 된다. 그런 후 환자나 치료자가 그 상황의 어떤 면이 수정되거나 또는 변경되어야 한다고 느끼게 되면 심상을 새롭게 바꾼다.

심상의 적용과 목적

치료초기에 심상기술은 환자의 현재 심리도식이 과거의 어떤 사건과 관계를 맺고 있는지 찾고자 할 때 이용될 수 있다. 안전한 치료관계가 확립되었다면 아래와 같은 상황에 대해 심상 다시쓰기 기술을 적용할 수 있다.

- 감정적, 육체적 또는 성적학대가 있었던 상황 (친구들의 왕따와 같은 트라우마도 포함)
- 환자의 감정적, 육체적 또는 발달상의 욕구들이 충분히 충족되지 않은 상황
- 자율성 또는 감정표현이 단절된 상황
- 환자가 양부모사이에서 대리인의 역할을 맡았거나 또는 부모나 형제, 자매들을 돌보아야만 했던 상황

'심상 다시쓰기'의 가장 중요한 목적은 환자에게 일어난 그 상황이 '잘못'된 것이지 그녀가 잘못이 아니라는 것을 발견하게 하는 것이다. 또 다른 중요한 목적은 트라우마사건들에 대한 감정

처리이다. 부적절한 상황을 기반으로 해서 발전된 환자의 심리도식은 천천히 건강한 심리도식으로 대체될 수 있다. '심상 다시쓰기'는 외상 후 스트레스 장애의 치료기술로 알려진 '상상노출 (imaginal exposure)'과는 다르다. '심상 다시쓰기'에서는 가장 심한 외상순간의 노출을 최소한으로 유지시키면서 심상 속에서 적극적으로 상황을 변화시키는 것을 가장 중요하게 여긴다.

'심상 다시쓰기'를 사용하여, 버림받은 아이는 보호되고, 편안해질 수 있고, 처벌하는 측면이 상쇄 될 수 있으며, 화가 난 아이는 자신의 침해받은 권리에 대하여 분노를 표현할 수 있다. 그리고 건강한 성인은 아이가 부당하게 취급되어졌던 상황을 보면서 어떻게 행동해야 하는지를 배울 수 있다.

'심상 다시쓰기'는 환자가 자신의 느낌과 욕구를 자각하고 그것들을 다루는 더 좋은 방법을 습득하도록 돕는다. 환자는 자신이 믿는 사람들로부터 도움과 지지를 요청하기 시작한다. 때때로 '심상 다시쓰기'는 놀랄 만큼 빠른 변화를 이끌어 낼 수 있지만 변화를 확실하게 지속시키기 위하여 다른 상황들과 기억들을 되풀이해서 다룰 필요가 있다.

그림5.1에서 치료 중 심상을 시작하고 바꿀 수 있는 많은 지점이 있다는 것을 알 수 있다. 환자가 현재 불편한 상황에 대하여 이야기할 때 심상은 시작될 수 있다. 그 때 치료자는 환자에게 안전한 공간을 상상하도록 하고 그런 다음 불쾌한 경험을 불러오게 한다. 치료자가 환자에게 바로 그 불쾌한 경험부터 심상을 시작하도록 할 수도 있다. 이로 인해 환자는 과거시점으로 점차 이동되어진다. 만일 치료자가 인터뷰를 통해 환자의 개인적인 이야기를 알고 있는 경우에는 과거의 불편한 상황으로 바로 들어갈 수 있다. 여기서 주요 초점은 역기능적인 심리도식의 기원이 된 (트라우마)경험이다.

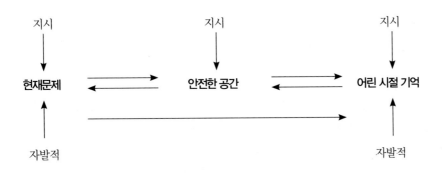

| 그림 5.1 | 어린 시절 기억으로 가는 방법

안전한 공간의 심상

환자가 안전한 상황을 상상하는 것을 심상에 들어가는 출발점으로 삼는 것은 좋은 생각이다. 이런 방식은 환자가 심상연습에서 불편한 감정이 강렬히 떠올랐을 때 바로 안전한 공간으로 돌아갈 수 있게 하는데 매우 도움이 된다. 방법은 다음과 같다. 환자의 눈을 감도록 한다. 환자가 이것을 불편해 하면 바닥의 한 점을 정해서 그곳을 응시하게 한다. 그런 다음 안전한 공간을 상상하게 한다. 그곳은 그녀가 경험했던 실제장소일 수도 있고 또는 알고 있는 장소이거나 아니면 환상속의 장소일 수도 있다. 만약 환자가 어떤 안전한 공간도 떠올릴 수 없다면 치료자는 인터뷰 때 들었던 정보를 바탕으로 환자가 안전하게 느낄만한 장소를 제시할 수도 있다. 어떤 환자들은 세상은 너무 위험해서 어떠한 곳도 안전한 공간이 없다고 여기기 때문에 안전한 공간을 떠올리지 못한다. 이러한 경우 환자가 안전한 공간을 상상한다는 것은 거의 불가능하다. 그러므로 환자를 위해서 치료자가 안전한 치료관계를 발전시키는 것이 무엇보다도 중요하다. 심상을 하는 동안 치료자는 환자를 적극적으로 보호하여 안전을 확보해준다. 안전한 공간의 심상은 다른 심상 훈련 전에 꼭 필요한 것은 아니다. 만약 환자가 안전한 공간을 상상하지 못하면 치료자는 환자를 안심시키고 부정적인 어린 시절의 기억을 찾는 작업으로 넘어 간다. 어린 시절 기억을 찾는 작업이 성공적이면 이어서 현재 나타나는 양식(처벌적인 측면)과 과거의 사건(트라우마) 사이의 연결을 탐색한다.

불편한 현재 상황을 보류하고 환자에게 어린 시절의 기억을 찾게 하는 것으로 바로 접근하는 것은 치료의 한 변형이 될 수 있다. 예를 들어 환자에게 '엄마와 함께 있는 어린 노라 영상'을 찾도록 하고 엄마를 바라보게 한다. 그리고 "무슨 일이 있나요?", "어떤 느낌이 들어요?"라고 질문을 한다.

양식의 기원을 탐색하는데 심상 활용하기

치료의 첫 번째 단계에서 양식의 기원을 찾는 동안에는 심상을 고치지 않는다. 예를 들어 안전한 공간을 상상하는 것으로 시작한 후 치료자는 안전한 공간에서 벗어나서 현재 불편한 경험을 상상하라고 요청한다. 직접 현재 불편한 상황으로 바로 들어가는 것도 가능하다. 환자에게 떠오르는 불편한 느낌에 특별히 더 집중하라고 요청한다. 어느 정도 집중이 이루어진 것 같으면 심상을 떠나도록 한다. 그러나 이 상황과 관련된 느낌은 계속 붙잡게 한다. 이어서 치료자는 환자에게 어린 시절에 이 같은 느낌을 경험한 적이 있는지를 질문한다. 구체적인 기억이 떠오르기 전까지는 느낌을 계속 유지하도록 시킨다. 이때 환자가 억지로 기억을 떠올리지 않고 자발적인 연상을 하기 위해서 어느 정도 기다려야 한다. 심상이 떠오르면 가능한 한 상세하게 어린 시절의 상황을 묘사하게 한다. 일단 심상이 명료해지면 환자는 안전한 공간으로 되돌아오고 그 다음 눈을 뜬다. 마치 현실에서 그 일이 (다시) 일어나는 것처럼 상황을 생생하게 경험하는 것이 매우 중요하다. 이를 위해서는 치료자는 환자에게 매우 구체적으로 상상을 하도록 하고 현재시제를 사용하여 설명하게 한다. 치료자는 직접적으로 질문함으로써 상황을 명료화 할 수 있게 도울 수 있다(표 5.1에서 1단계 참조).

양식의 기원을 탐색하는 사례

T: 지금 여기에서 눈을 감고 안전한 공간을 상상하세요.

P: 내 무릎에 고양이가 앉아 있고, 나는 소파에 앉아 있습니다.

T: 당신은 무릎에 고양이를 앉히고 소파에 앉아 있습니다. 어떤 느낌이 드나요?

P: 행복하고 편안해요. 나는 어떤 것도 할 필요가 없어요.

T: 좋아요. 그 느낌에 집중하세요.

(짧은 침묵)

T: 편안한 느낌을 흘러가게 두고 지금 여기에 당신을 불편하게 하는 상황을 떠올립니다.

P: 나는 중요한 편지를 상사에게 주는 것을 잊었어요. 그는 정말로 화난 것처럼 보여요.

T: 어떤 느낌이 드세요?

P: 두려워요.

T: 지금 무슨 일이 일어나고 있나요?

P: 여러 대의 전화에서 전화벨이 울리고, 나는 아주 바빴다고 말하고 있어요. 그러나 그는 나를 무시하고 편지를 읽기 시작해요.

T: 지금 어떤 느낌이 들어요?

P: 내 자신이 어리석고, 못났고, 나쁘다는 느낌이요.

T: 그 느낌은 그대로 유지한 채 영상을 떠나보내세요. 자, 이제는 그 느낌을 일어나게 한 어린 시절의 기억을 살펴보세요.

P: 모르겠어요.

T: 어리석고 못난 듯한 그 느낌을 계속 유지하세요. 억지로 찾을 필요는 없습니다. 그것은 저절로 나타날 것입니다. 느낌은 계속 유지합니다.

P: 학교에서 있었던 일이 기억이 나요. 나는 선생님이 설명하는 것을 이해하지 못했어요. 반 전체아이들 앞에서 선생님이 나를 바보로 만들었어요.

T: 당신은 지금 학교에 있습니다. 몇 살이죠? 당신은 교실 어디에 있나요?

P: 3학년이에요. 나는 칠판 앞에 서 있어요. 칠판에 뭔가를 적고 있는데, 틀린 걸 적고 있어요.

T: 지금 무슨 일이 있나요?

P: 선생님은 나에게 다가와서 잘못된 단어에 줄을 긋고 매섭고 성난 목소리로 "노라, 멍청이 이것도 못해, 들어가."라고 말해요. 그리고 애들 모두가 나를 비웃어요.

T: 지금 느낌이 어때요?

P: 무척 당황스러워요! 땅속으로 사라져 버리고 싶어요. 울고 싶지만 그럴 수 없어요.

T: 당신은 매우 슬프군요. 선생님이 너무 화를 내었기 때문에 당황스러웠군요.
(환자 고개를 끄떡인다).

T: 네. 충분한 것 같아요. 영상을 떠나보내고 안전한 공간의 느낌으로 돌아옵니다. 고양이 와 함께하는 소파로 돌아옵니다.

(치료자는 환자를 안전한 공간으로 이끈다. 그리고 눈을 뜨게 한다).

표 5.1 '심상 다시쓰기'에서의 질문들

1단계	무슨 일이 일어납니까?
	무엇이 보입니까? (들립니까? 냄새가 납니까?—다른 감각들)
	누구와 함께 있습니까?
	당신은 몇 살 입니까?
	무엇이 느껴집니까?
	당신에게 필요한 것은 무엇입니까?
2단계 (3단계로 나눈다면 2단계로)	위의 질문에 추가하여:
	이것에 대하여 어떻게 생각합니까?
	당신은 무엇을 하길 원합니까?
	좋아요. 그것을 하세요.
3단계 (3단계로 나눈다면 3단계, 2단계로 나눈다면 2단계로)	위와 부분적으로 동일할 수도 있음: 당신에게 무엇이 필요합니까?

좋아요. X에게 요청하세요.

(X는 건강한 성인을 뜻한다.―치료자, 도우미, 성인자신)

(어린 노라가 건강한 성인에게 요청할 수 있도록 시킴:

이런 방식으로 연습하는 것은 그녀의 욕구를 표현하는 연습이 된다.)

무슨 일이 일어나고 있나요?

무엇을 느낍니까?

그것은 좋은 것인가요?

당신이 필요로 하는 다른 것이 있나요? (없을 때까지 계속한다).

환자가 좋다고 동의 할 때까지 반복하거나 질문을 바꾼다.

심상 다시쓰기

안전한 공간의 심상에 이어 심상 다시쓰기가 진행된다. 이 방법을 사용하는 이유는 매우 다양하지만 중심목적은 거의 동일하다. 심상 다시쓰기의 목적은 과거경험에 부여했던 의미를 변화시키는 것이다. 치료자는 환자에게 과거를 변화시키는 것은 불가능하지만 과거가 환자에게 미치는 영향을 변화시키는 것은 가능하다고 설명해준다.

경계선 성격장애 환자를 위한 심상 다시쓰기는 크게 두 부분으로 나눌 수 있다. 각각의 파트는 하위단계를 가지고 있는데, 첫 번째 부분의 하위단계는 두 단계가 있다. 1단계에서 환자는 어린아이의 관점에서 어린 시절(트라우마) 기억을 떠올린다. 그리고 2단계에서는 치료자가 심상 다시쓰기를 시행하기 위하여 심상 속에서 개입한다. 두 번째 부분의 하위단계에는 세 단계가 있는데, 1단계는 첫 번째 파트의 1단계와 동일하다(어린 아이의 관점에서 어린 시절의 트라우마기억을 떠올림). 2단계는 치료자가 아닌 환자 자신이 건강한 성인으로서 영상 속으로 들어가 스스로 심상 다시쓰기를 한다. 그런 다음 마지막으로 3단계에서는 아이로서 심상을 재경험한다. 이때 환자는 아이 때의 관점에서 건강한 성인이 된 자신이 개입하는 경험을 한다. 만약 필요하다면 그 어른에게 추가적인 행동을 요청할 수 있다. 이것은 첫 번째 부분의 심상 다시쓰기 과정을 통하여 튼튼하고 건강한 성인양식을 발달시킨 다음에야 가능하다. 이어서 심상 다시쓰기를 위한 첫 번째 부분의 2단계 모델과 두 번째 부분의 3단계 모델에 대해 구체적으로 다루고자 한다.

심상 다시쓰기의 첫 번째 과정

치료초기에는 환자가 아직 튼튼하고 건강한 성인양식을 달성하지 못한 상태이다. 그렇기 때문에 환자는 정상적인 부모-자녀 관계를 이해하지 못하고 부모가 특정 상황에 어떻게 반응해야 하는지를 머릿속에 그리지 못한다. 정상적인 부모-자녀 관계를 이해하지 못하는 것은 매우 심각한 영향을 미칠 수 있다. 어떤 환자들은 기본적인 삶의 기술이나 자신을 돌보는 능력조차 전혀 갖추지 못하고 있다. 아이 때 그들은 거리에서 험한 삶을 살았거나, 스스로 자신을 돌봐야 하는 집에서는 자신을 드러내지 않으려고 최선을 다했기 때문이다. 그런 개인이 '정상적인 부모'라면 잘못을 저지른 아이에게 어떻게 대응하는가 혹은 아이에게 잘못된 일이 일어났을 때 어떻게 반응하는가에 대하여 아무런 지식이 없을 것이라는 사실은 어렵지 않게 짐작할 수 있다. 그러므로 치료자는 좋은 부모모델을 제시해야 한다(4장 '제한된 재양육' 참조). 심상 다시쓰기 훈련에서 치료자는 건강한 부모라면 주어진 상황에서 어떻게 대처할 것인가를 생각해야 한다. 치료자 자신이 실제로 자녀가 있어야만 특정 상황에서 적절한 부모의 반응을 할 수 있는 것은 아니다. 대개는 상식이나 일반적인 정서면 충분하다. 지금부터는 심상 다시쓰기가 실제로 어떻게 전개되는지 살펴보고자 한다. 표5.2는 전체적인 개괄을 보여준다.

표5.2 심상 다시쓰기의 첫 번째 과정 2단계

1단계	환자=아이	환자가 최초로 경험했던 원래 상황
2단계	환자=아이 치료자 다시쓰기	다시쓰기: 치료자는 상황을 바꾼다. 환자는 아이로서 치료자의 개입을 경험하며 치료자에게 충분히 개입해줄 것을 요청하거나 도움을 받는다.

1단계: 원래 상황 상상하기

1단계에 들어가기 전에 환자는 안전한 공간을 떠올리는 것으로 시작하거나 최근의 불편했던 상황을 상상한다. 그런 다음 이와 유사한 과거 불편한 상황을 떠올린다. 치료자는 심상을 위한 출발점으로 환자의 인터뷰에서 얻은 정보를 활용할 수 있다(표5.1 참조).

환자는 어릴 적 불편한 상황을 최대한 상세하게 떠올린다. 그러나 이것이 자신이 겪었던 가장 상처 받았던 사건일 필요는 없다. 덜 강력한 사건이라도 잘못된 결론에 이르게 하고 역기능적인 심리도식을 키울 수 있기 때문이다. 또한 환자가 자신의 가장 어린 시절의 기억을 떠올려야 하는 것도 아니다. 역기능적 양식의 형성과 관련된 사건들은 보통 반복적으로 일어나고 그 기억은 심상 다시쓰기의 사례가 될 수 있다. 또 모든 사항을 100% 정확하게 기억해내야 하는 것도 아니다. 이 연습의 목적은 사실에 입각한 진실을 찾는 것이 아니라 어린 시절의 전형적인 경험에 의해 일반화된 심리도식을 재현하여 그 의미를 변화시키는 것이기 때문이다.

환자가 구체적인 상황을 떠올리고 그것을 어린아이의 관점에서 경험하는 동안 치료자는 환자의 느낌과 경험에 대하여 계속해서 질문을 던진다. 치료자는 감각경험에 대하여 묻거나(무엇이 보이고, 들리고, 냄새나고, 느껴집니까?), 감정에 대하여 묻거나(어떤 느낌입니까? 화가 났습니까? 놀랐나요?), 생각에 대하여 묻거나(지금 무슨 생각이 듭니까?), 행동에 대하여 물을 수 있다(지금 무엇을 하고 있죠? 무슨 일이 일어나고 있나요?)(표5.1 참조). 격한 감정은 대개 환자가 중요한 기억을 처리하고 있다는 좋은 징표다.

1단계 사례

8살 노라는 자전거를 타다가 심하게 넘어져 철사에 다리를 베었다. 그런데도 엄마는 노라를 돕거나 달래지 않고 화를 내면서 노라의 엉덩이를 마구 때린다.

P: 엄마와 부엌에 있어요.

T: 거기서 무슨 일이 일어나고 있나요?

P: 넘어져서 다리에 피가 나요. 나는 울고 있어요.

T: 어떤 느낌인가요?

P: 아프고 무서워요. 철사에 크게 베었거든요.

T: 그래서 당신은 어떻게 하나요?

P: 엄마에게 도와달라고 해요. 그런데 엄마는 나 보고 징징거리지 말라며 소리를 질러요. 상처는 저절로 나을 거라고 해요. 엄마는 자전거가 망가지지 않았는지를 더 걱정 해요.

T: 그런 다음에는?

P: 나는 어떤 말도 하기가 두려워요. 왜냐하면 자전거 바퀴가 찌그러졌거든요. 엄마는 돌아서서 내 엉덩이를 때려요.

(환자는 울면서 몸을 떨기 시작한다)

T: 좋아요. 됐습니다. 충분히 경험을 했으니, 전체 상황을 재현할 필요는 없겠어요.

일단 기억이 분명해지면 2단계로 넘어간다. 전체 기억을 모두 재현할 필요는 없다. 환자가 그 상황/기억과 관련된 감정을 재경험하는 것으로 충분하다. 때로는 1단계에 대하여 이야기를 나

누는 것이 도움이 될 때도 있지만 일반적으로 환자는 계속 눈을 감은 채 2단계가 시작된다.

2단계: 치료자에 의한 심상 다시쓰기

심상과정에서 뭔가 심각한 일이 일어나면 치료자는 상황을 멈추고 자신이 어린 노라를 돕기 위하여 그곳에 있다고 말해준다. 치료자는 환자에게 이 순간 자신이 환자와 동일한 장소에 있다고 상상하도록 한다.

2단계 사례: 치료자가 심상 속에 등장한다.

T: 자, 이제 제가 부엌에 들어왔어요. 제가 보이시나요?

(환자가 고개를 끄덕인다)

T: 제가 당신과 어머니 사이에 서 있습니다. 어머니가 팔을 들어 당신을 때리려고 하는 걸 제가 막고 있습니다. 이 모습이 보이시나요?

P: 네, 보입니다. 하지만 조심하세요. 엄마는 힘이 무척 세거든요.

그런 다음 치료자는 어린 노라가 보호되고 편안해 할 수 있는 모든 것을 한다. 치료자는 공격자(엄마)를 제지하고 필요하다면 공격자를 다른 곳으로 데려간다. 또는 아이가 공격당하는 것으로부터 보호하기 위하여 상상을 사용할 수도 있다. 폭력적인 공격자를 제지하기 위하여 치료자는 더 강력하고 거대하게 변할 수도 있고 경찰이나 아동보호 서비스의 도움을 요청할 수도 있다.

2단계 사례: (이어서)치료자가 심상 속에 등장하여 개입한다.

T: 제가 어머니에게 이렇게 말합니다. "그만둬요. 노라를 때리면 안 됩니다. 아이가 크게 상처 입은 게 보이지 않나요?"

P: 조심해요. 엄마는 당신보다 덩치가 크다구요.

T: 걱정 마세요. 제가 덩치는 작아도 힘은 세거든요. 엄마의 팔을 꽉 붙들고 있어요. 이제 어떤 일이 일어날까요?

P: 엄마가 당신에게 무척 화를 낼 거예요. 엄마 얼굴을 보면 알 수 있어요. 그렇지만 당신이 여기 있는 동안은 엄마가 나를 때리지 않을 것 같아요.

T: .....부인, 당신의 딸아이는 지금 병원에 가야 해요. 상처가 아주 심하다구요.

P: 이제 엄마는 당신에게 욕을 해대며 내가 아주 골칫덩어리라고 말해요.

T: 당장 그만둬요. 그리고 노라를 내버려두세요. 아이는 치료를 받아야 한다구요.

P: 엄마가 당신을 때리려고 해요.

T: 나는 엄마를 붙잡고 부엌을 나가 거실로 데리고 갑니다. 그리고 부엌문을 잠급니다. 이제 엄마는 없어요.

P: 아, 이제 엄마가 당신을 때릴 수 없겠군요.

T: 당신도 때리지 못하지요. 엄마가 계속해서 그렇게 행동한다면 다시는 부엌에 들어오지 못할 겁니다.

일단 공격자를 내보내고 난 다음 심상은 계속된다. 어린 노라는 지지와 편안함, 돌봄이 필요하다. 노라는 큰 충격을 받고 앞으로 어떤 일이 일어날지 걱정을 한다. 좋은 부모가 아이를 돌보듯이 치료자는 공격의 위협이 사라진 뒤에도 환자를 계속해서 보호해 주어야 하며, '실제' 부모가 아이를 안심시켜주기 위한 모든 행동을 취할 수 있다. 예를 들어 안심시키는 어투로 말한다든지, 환자를 자기 옆에 앉게 하거나 무릎 위에 앉게 해서 편안하게 해줄 수도 있다. 환자는 어린아이로서 이 순간을 경험하게 되고 이러한 행동으로부터 자신이 매우 지지받고 있다고 느끼게 된다. 또한 불쾌한 상황을 치료자가 유쾌한 상황으로 대처할 수 있다. 예를 들면 게임을 하거나 산보를 하거나 아이스크림을 먹는 등의 행위로 대처한다면 환자는 공감받는 느낌을 가질 수 있다.

2단계 사례: 심상과정 동안 치료자가 환자를 돕고 위로한다.

T: 이제 어때요? 로라?

P: 여전히 무서워요. 조금 있다가 곧 엄마가 돌아와서는 다시 나를 때릴 거예요. 당신이 나를 도와주었기 때문에 이제 엄마는 더 화가 나 있을 거예요.

T: 그렇다면 엄마가 당신에게 접근할 수 없는 곳에 엄마를 가둬야겠네요. 어디가 좋을까요? 감옥?

P: 네, 아주 먼 곳에, 절대 빠져나올 수 없는 곳에요.

T: 좋아요. 아주 먼 나라의 외딴 섬에다 엄마를 가두도록 하죠. 이제 마음이 좀 편해졌나요?

P: 좀 나아졌지만 지금도 너무 슬퍼요.

T: 여전히 너무 슬퍼하고 있군요. 그게 보여요. 지금 당신에게 필요한 것은 무엇이죠?

P: 모르겠어요. 너무 외로워요! (눈물을 흘림)

T: 당신 곁에 앉아도 될까요? 휴지를 드릴까요? 안아 줄게요. 괜찮아요. 안심하세요. 이제 엄마는 없고 제가 당신의 다친 다리를 돌봐드릴게요. 의사를 불러서 당신이 치료받도록 하겠습니다.

(환자는 한숨을 쉬고 천천히 울음을 멈춘다)

T: 이제 어떠세요?

P: 한결 편해졌어요. 정말로 의사가 나를 치료하러 오나요?

T: 물론이죠. 당신은 다리를 심하게 다쳤고, 제가 보기에 당신이 직접 병원으로 걸어갈 수 있을 것 같지 않군요.

P: 의사가 온다니 다행이군요. 그렇지만 저와 함께 있어주세요. 정말로 아프거든요.

(환자는 여전히 불안해하는 기색이다)

종종 환자는 이러한 보호와 관심에도 불구하고 나중에 올 결과에 대하여 매우 걱정을 한다. 그렇기 때문에 주의와 관심은 오랫동안 지속되어야 하고 미래의 불안에 대하여 환자가 안심하도록 해주어야 한다. 아이는 자신의 욕구를 표출한 것 또는 치료자의 도움을 받은 것으로 인한 처벌을 두려워한다. 치료자는 혹시나 안 좋은 일이 일어났을 때라도 그 아이가 치료자를 찾을 수 있다는 사실을 납득시켜야 한다. 이 모든 것이 심상이라는 틀 안에서 일어나기 때문에 안심을 위한 실제적 방법(핸드폰)이나 상상의 방법(마술), 어느 것을 써도 좋다. 상황은 환자에게는 너무나 위험한 것으로 보이기 때문에 환자가 치료자를 필요로 할 때 치료자가 함께 있는 것만으로는 충분하지 않다. 이 경우에 치료자는 환자에게 편안한 공간, 예를 들면 환자가 아는 화목한 가정이나 치료자의 집으로 데려가겠다고 제안할 수 있다. 이 개입의 핵심은 환자가 치료자를 편안하게 느끼고 든든한 존재로 경험하게 하는 것이다.

2단계 사례: 심상과정 동안 치료자가 환자를 안전한 공간으로 데려간다.

T: 더 말하고 싶은 게 있나요?

P: 네, 엄마가 돌아와서 내가 당신에게 엄마를 가두라고 말했다면서 때릴까봐 두려워요.

T: 그러니까 당신은 여기 홀로 남겨지는 게 두려운 거군요?

(환자가 고개를 끄덕인다)

T: 당신과 함께 지낼 다른 사람은 없나요? 당신에게 잘 대해주고 당신을 기꺼이 보살펴주려고 하는 사람 말이에요.

P: 아마 로즈 이모면 될 거예요. 로즈 이모는 항상 내게 잘 대해주거든요.

T: 제가 당신을 이모 집에 데려다 드릴까요? 그곳에 있으면 안전할 거예요. 내가 필요하면 언제든 제게 전화해도 돼요.

(이윽고 환자는 편안한 마음으로 웃음을 짓는다)

T: 저와 함께 가요. 이모 집이 여기서 먼가요?

(환자는 그렇지 않다며 고개를 흔든다)

T: 당신을 이모 집에 데려다 드릴게요..... 자, 이제 이모 댁에 도착했습니다. 초인종을 눌러볼까요. 이모가 문을 열고 당신을 보더니 매우 기뻐합니다. 이 장면이 보이시나요?

(환자는 고개를 끄덕이며 미소를 짓는다)

T: 로즈 이모님, 제가 노라를 이모 댁에 데리고 왔습니다. 노라가 자전거를 타다가 심하게 넘어졌거든요. 제가 치료를 위하여 의사를 불렀고, 노라는 이모 댁에 있고 싶어 합니다.

T: (환자를 향해) 이모가 뭐라고 말합니까?

P: 이모는 괜찮다고 말하며, 나를 텔레비전 앞 소파에 앉게 해요.

T: 잘 됐군요. 이제 의사가 오기를 기다리죠. 의사가 오면 저는 떠나겠습니다. 당신이 이모와 함께 지낼 수 있도록 이모에게 말씀드리겠습니다. 그리고 상처가 아물 때까지 제가 매일 이곳을 찾아올게요. 어때요?

P: 좋아요.

T: 이제 됐습니까? 또 뭐가 필요하신가요?

P: 아니요. 이제 됐어요. 로즈 이모와 함께 있을 수 있어서 기쁘고 당신이 저를 매일 찾아주신다니 좋아요.

이제 환자는 심상을 멈추고 심상의 의미를 자신의 심리도식 관점에서 논의한다. 이 경우 환자가 안전한 공간으로 돌아가는 것은 필요하지 않다. 치료자가 상황을 고쳐 쓰는 과정에서 환자가 이미 안전한 공간으로 이동했기 때문이다. 많은 경우 환자는 모든 것이 자신의 잘못이며 자신이 멍청하고 게으르기 때문에 부모가 자신에게 화를 내거나 학대할 권리가 있다고 믿고 있다. 심

상 다시쓰기를 하면서 환자는 자신이 나쁜 사람이 아니며 그렇게 함부로 취급을 당해선 안 된다는 것을 알게 된다. 자신은 보호가 필요한 어린아이이며 정상적인 부모라면 하지 않을 행동을 자신의 부모가 했다는 것도 알게 된다. 이런 방법을 사용하여 자신에게 나쁘고 멍청하고 게으르다고 여전히 말하는 환자의 자기이미지가 수정될 수 있다. 환자가 지금까지와는 다른 자기해석을 깊이 인식하게끔 환자 자신의 말로 표현하게 하거나 글로 적어 집에 가져가도록 할 수 있다. 어떤 경우라도 가장 중요한 문제는 환자가 스스로에 대하여 지금보다 더 건강한 방식으로 느껴야 한다는 것이다. "나는 그 상황에 대하여 죄책감을 느끼지 않아요. 엄마가 스스로를 더 자제했어야 했다고 생각해요. …. 이제 나는 편안하고 별로 두렵지 않아요."

심상 다시쓰기의 두 번째 과정

환자가 치료과정에서 진전을 보였고 건강한 성인양식을 발달시켰다면 이제 환자 스스로 심상 다시쓰기를 실시할 수 있다. 두 번째 과정의 심상 다시쓰기는 3단계로 진행된다(표5.3 참조). 1단계는 앞에서 언급했던 1단계와 동일하다. 2단계와 3단계는 앞에서 언급된 2단계와 조금 다르기는 하지만 환자의 왜곡된 신념을 수정하도록 도와주면서 아이를 보호하고 편안하게 해준다는 핵심은 동일하다.

표5.3 심상 다시쓰기의 두 번째 과정 3단계

1단계	환자=아이	환자가 경험한 원래 상황
2단계	환자=성인	다시쓰기: 성인으로서의 환자가 평가한 상황. 환자가 성인으로서 개입
3단계	환자=아이	다시쓰기: 환자가 아이로서 성인의 개입을 경험. 환자가 성인에게 추가적 개입을 요청하고 도움을 받음

2단계: 건강한 성인양식에 의한 심상 다시쓰기

1단계 이후 환자를 건강한 성인으로서 그 상황 속으로 들어가도록 한다. 치료자는 계속해서 환자의 느낌과 생각, 그리고 건강한 성인의 관점에서 어린아이에게 무엇을 해주어야 하는지를 묻는다. 치료자가 환자에게 자신의 견해나 행동을 강요한다면 그것은 치료의 목적과 맞지 않는다. 이런 결정들을 환자 스스로 내리도록 해주는 것이 환자의 자기 확신에 훨씬 효과적이다.

건강한 성인인 어른 노라의 심상 다시쓰기의 사례

T: 이제 당신은 어른 노라예요. 상상할 수 있나요?

P: 예, 어느 정도요.

T: 어린 노라에게 어떤 일이 일어나고 있는지 지켜보세요.

P: 아이 엄마가 무척 화가 나서 아이를 때리려고 해요.

T: 이 상황에서 당신은 어떻게 하고 싶나요?

P: 그녀에게 그만두라고 말하고 싶어요. 또 어린 노라의 상처를 돌봐줘야 한다는 것도요.

T: 좋습니다. 그렇게 해보세요.

P: 아이를 가만히 두세요. 그리고 상처를 돌봐주세요.

T: 이제 엄마가 어떻게 합니까?

P: 더 화를 내요. 그렇지만 제가 힘이 더 세서 그녀를 방 바깥으로 끌고 가요.

T: 잘 했어요. 어린 노라는 이제 어떤가요?

P: 괜찮아요. 편안해졌고, 엄마에게 맞지 않아 다행이라 여기고 있어요.

환자는 건강한 성인으로서 아이를 학대하는 사람에게 대항하는 행동뿐만 아니라 어린 노라에 대해서도 주의를 기울어야 한다. 치료자는 환자에게 건강한 성인역할을 하는 동안 어린아이가 필요로 하는 것이 무언인지를 질문할 수 있다. 환자가 어린아이의 갈망을 알아차린다면 치료자는 환자가 생각하기에 그때 이루어졌어야만 하는 것을 행동하도록 건강한 성인에게 권유할 수 있다. 모든 게 문제가 없고 아이의 욕구도 충족되었다고 여겨진다면 3단계로 넘어가 실제로 아이의 욕구가 충족되었는지 확인해본다.

건강한 성인양식을 부분적으로 밖에 수행할 수 없는 환자에 대한 대안

환자가 건강한 성인양식에서(2단계) 그 다음단계로 어떻게 나아가야 할지 모를 때 사용할 수 있는 두 가지 대안이 있다. 하나는 조력자를 찾는 것이며, 다른 하나는 치료자가 환자를 코치하는 것이다.

조력자는 환자가 과거에 관계를 맺었던 사람(친척, 선생님 등)일 수도 있고, 현재 상황에 관계를 맺고 있는 사람(배우자, 친구 등)일 수도 있으며 상상 속 인물일 수도 있다(슈퍼맨). 치료자는 환자가 건강한 성인으로 행동하고 자신을 학대하는 인물에 대항하도록 돕고 보호해주는 누군가를 떠올리도록 환자에게 요청한다. 이때 치료자는 건강하고 긍정적인 영향력을 가진 것으로 보이는 조력자는 찬성하지만 환자의 현재와 과거에서 부정적이거나 학대했던(하는) 것으로 알고 있는 사람은 거절해야 한다. 환자는 조력자를 자신의 심상작업에 참여하도록 요청한다. 조력자는 환자 자신이 말하고 행동하기 두려워하는 것을 대신 말하고 행동한다. 치료자 대신 조력자가 개입하는 것의 좋은 점은 환자 스스로 조력자가 말하고 행동해야 할 것을 결정한다는 것이다. 이런 방식은 환자가 어린아이의 진정한 욕구가 무엇인지 더 능동적으로 알아차릴 뿐만 아니라 무엇이 적절한 반응인지도 적극적으로 알 수 있게 된다. 이로 인해 환자는 어린 노라에 대해 더욱 공감하고 자신에 대한 가치를 강화시켜 나간다.

환자가 적절한 조력자를 생각해내지 못할 때는 치료자가 코치할 수도 있다. 치료자는 어떤 이야기를 할지 가르쳐 주거나 그 상황과 관련 있는 바람직한 행동을 부드럽게 권유한다. 이것은 환자가 건강한 성인의 관점에서 처음으로 심상 다시쓰기를 할 때 특히 유용하며 환자가 학대하는 사람에게 적절한 말을 했다하더라도, 학대를 멈추게 하고 벌주는 부모를 다른 곳으로 데려가는 데 성공하지 못하는 경우에도 유용하다. 어떤 경우든 2단계에서는 학대가 멈추어지도록 하는 것이 중요하다. 그렇지 않으면 어린아이는 심상 다시쓰기의 궁극적인 목적인 안전감을 느낄 수 없게 된다.

3단계: 아이로서 재경험하기

3단계의 목표는 어린아이에게 욕구가 충족되고 그 아이가 새로운 경험을 자신의 (유아적)도식 속에 잘 통합하기 위하여 필요한 지지를 얻었는지 확인하는 것이다. 치료자는 환자에게 심상 상황 속 어린아이로 돌아가서, 어른이 된 환자 자신의 개입을 지켜볼 것을 요청한다. 치료자는 어른 노라의 행위를 표현해주고, 아이로서 어른 노라가 한 개입에 대하여 어떻게 느끼고 생각하는지 묻고, 더 필요한 것이나 변화시키고 싶어하는 다른 무언가가 있는지도 묻는다. 그 다음엔 어른 노라에게 그것을 요청해 보고 그 다음에 어떤 일이 벌어질 것인지 상상해 보도록 한다.

치료자는 어린 노라의 모든 욕구가 다 충족될 때까지 계속해서 이런 질문을 한다. 이런 방식으로 환자는 자아이미지에 대한 새로운 통찰을 얻을 수 있다. 3단계에서 환자는 자신에게 가해지던 위협이 제거되었을 뿐만 아니라 자신의 다른 욕구까지 충족되는 방식으로 심상 다시쓰기를 확장시키게 된다. 이렇게 환자는 자신의 욕구를 알아차리고 다른 사람에게 그것을 표현하는 법을 배우게 된다.

3단계 사례: 어린아이에게 아직 충족되지 않은 자신의 욕구가 더 있는지 물어본다.

T: 이제 당신은 다시 어린 로라 입니다. 엄마와 함께 부엌에 있습니다.

(환자가 고개를 끄덕인다)

T: 엄마가 당신을 때리려고 하는 순간 어른 노라가 부엌으로 들어옵니다. 어른 노라가 엄마를 제지합니다. 어른 노라는 엄마에게 아이를 때려서는 안 되며, 상처가 난 아이의 다리를 돌봐주어야 한다고 말합니다. 그것에 대하여 어떻게 생각하세요?

P: 좋아요. 이제 엄마가 나를 때릴 수 없군요. 그렇지만 엄마는 여전히 화가 나 있어요.

T: 맞아요. 하지만 어른 노라가 엄마를 바깥으로 끌어냅니다. 이제 기분이 어떠세요?

P: 한결 나아졌어요.

T: 당신이 필요로 하는 또 다른 것은 없나요?

P: 다리가 계속 아프고 이 모든 상황이 무척 혼란스럽네요.

T: 어른 노라에게 그렇게 이야기하세요.

P: 계속해서 피가 나고 다리가 아파요. 그리고 무서워요.

T: 어른 노라가 그것을 보고 있고, 의사를 부르고 그리고 난 후 당신 곁에 앉아 있어요. 이제 좀 나아졌나요?

(환자는 고개를 끄덕인다. 나아진 것처럼 보인다)

T: 이제 기분이 좀 어떠세요? 모든 게 괜찮나요?

P: 티슈가 필요하고, 날 안아줬으면 좋겠어요.

T: 좋아요, 어른 노라에게 요청하세요!

P: 제게 티슈를 주시고, 저를 안아주실래요?

T: 이제 어른 노라가 어떻게 하죠?

P: 티슈를 주며 저를 안아줘요.

T: 어떤 느낌입니까? (약간 시간을 둔 뒤) 당신이 필요로 하는 것이 더 있나요? 어른 노라가 해줬으면 하는 다른 뭔가가 있습니까?

필요하다면 2단계 심상 다시쓰기에서 했던 것처럼 어른 노라가 어린 노라를 로즈 이모네 집으로 데려갈 수도 있지만, 환자가 어른 노라에게 곁에서 자기를 돌봐달라고 부탁한다면, 3단계에서는 이것이 더 적절할 수 있다.

3단계 이후에는 2단계에서처럼 환자와 치료자는 심상 다시쓰기의 결과를 살펴보고, 역기능적인 심리도식을 다루면서 나타난 욕구와 느낌 그리고 새로운 통찰에 대해 함께 의견을 나눌 수 있다.

행동패턴을 변화시키기 위한 심상 다시쓰기

심상 다시쓰기는 행동패턴을 바꾸는 매우 유용한 도구이다. 왜냐하면 새로운 행동을 시도하는 데 있어 환자의 역기능적인 심리도식은 심각한 방해요인이 되기 때문이다.

환자 자신은 새로운 행동을 시도하는 것이 왜 잘 안 되는지를 알기가 어렵다. 환자가 새로운 행동을 시도하는데 성공하지 못했던 최근의 상황을 상상하면서, 환자가 전체상황을 자세하게 묘사하도록 하는 것은 심상 다시쓰기를 시행하기 위한 정보를 모으는데 도움이 된다. 그 다음으로 환자 스스로 원했지만 성취할 수 없었던 것에 대하여 심상 다시쓰기를 한다. 심상작업 동안 환자는 문제해결의 효과적인 방법을 연습할 수 있다.

Young, Klosko, Weishaar(2003)는 환자가 장벽을 묘사하고 그것을 통과하려는 시도를 하는 심상에 대하여 설명한다. "예를 들어 그 장벽은 환자를 내리누르는 검은 물체처럼 보일 수 있다. 치료자의 질문에 대한 대답을 통해 환자는 그 장벽이 비판적인 부모와 동일한 메시지를 전달한다는 것을 통찰하게 된다. 그리고 환자는 그 장벽을 제거함으로써 그 메시지도 제거한다."

행동패턴 변화시키기를 위한 심상 다시쓰기

오랫동안 노라는 자신의 삶에서 무엇을 해야 하는지 확신이 없었다. 자신이 공부하기를 원하는지 아니면 일하기를 원하는지 몰랐다. 자신이 어느 방향으로 발전하기를 원하는지에 대해서도 불분명했다. 치료자는 심상작업에서 장애물을 확인하고 탐색하는 것이 좋은 아이디어일 수 있다고 제안한다.

T: 눈을 감고, 당신이 조용하고 평화로운 장소에 있다고 상상해 보세요. 당신은 지금 어디에 있죠?

P: 공원에서 롭(Rob)과 산책하고 있어요.

T: 당신은 롭과 산책하고 있고 롭은 당신에게 앞으로 어떻게 살 것인지 묻는군요.

P: 나의 첫 번째 반응은 화제를 바꾸는 겁니다.

T: 좋습니다. 당신 스스로 그것을 잘 알아차렸군요. 이제 롭의 질문에 대해 다른 반응을 생각해보겠어요?

P: 나는 그에게 잘 모르겠다고, 그것에 관해 생각해볼 필요가 있다고 말하고 있어요.

T: 좋습니다. 그것에 관해 생각해 보세요.

P: 못하겠어요. 마비가 되는 느낌이 들어요.

T: '마비'가 어떤 의미인가요? 무엇이, 누가 당신을 마비시키고 있나요?

P: 올바른 결정을 내려야만 한다는 생각, 그리고 해낼 수 없을 거라는 생각. 내가 내리는 어떤 결정에든 완전히 묶여버릴 것 같은 느낌이 들어요.

T: 그 묶여 있는 느낌을 느슨하게 하려고 해보세요. 물론 당신은 삶에 있어 다른 가능성을 시도해보고 실수를 할 수도 있겠지요. 당신이 실수해서는 안 된다는 생각은 당신 아버지로부터 비롯된 것 같군요. 그러나 아버지는 더 이상 당신의 발목을 잡지 못하세요.

P: 맞아요. 그렇지만 결정을 내린다는 것이 제게는 여전히 무서운 일로 느껴지네요. … 실수 할 가능성이 있잖아요.

T: 당신 스스로를 그런 생각에서 자유로워지도록 노력해 보세요. 그리고 다른 가능성에 대하여 생각해보세요.

P: 좋아요. 약간 다르게 느껴지네요. 마비가 되는 느낌은 아니네요.

T: 그러니까 미래에 대하여 생각하는 걸 가로막았던 건 당신이 실수할지도 모른다는 두려움이었던 겁니다. 그리고 그 두려움 때문에 당신은 계속해서 회피했던 것이죠.

심상과정에 있는 동안 치료자는 환자가 미래에 원하는 것을 생각해 보고 이것에 대하여 롭과 이야기를 나누어 보도록 요청할 수 있다. 다른 방법으로는 심상연습을 중단하고 그녀가 장벽을 어떻게 인식하고 있는지 논의하는 것을 시작으로, 어떻게 하면 그녀의 회피성향을 깨뜨릴 수 있는지를 그녀에게 가르치는 것이다.

환자가 건강한 성인의 수준을 성취했다하더라도 그녀가 회피할지 모르는 다른 상황들이 있을 수 있으며, 이를 심상작업을 통해 다룰 수 있다. 이것은 환자가 새로운 관계를 시작할 때 특정

심리도식과 양식이 다시 활동하게 되는 상황을 대비하는데 특히 도움이 된다. 환자는 심상에서 새로운 행동을 시도할 수 있고 자신에게 가장 알맞는 대처방식을 시험해 볼 수 있다.

심상 다시쓰기에서 발생하는 문제

심상 다시쓰기 작업은 여러 가지 문제들에 의해 방해받을 수 있다. 심상작업을 하는 동안 부딪히게 되는 가장 흔하고 주요한 문제는 다음과 같다.

환자가 눈을 감지 않으려함— 눈을 감으면 심상연습에 더 잘 집중할 수 있다. 그러나 환자가 힘들어하면 방 안의 고정된 한 점을 응시하는 것으로 대신할 수 있다. 때때로 환자는 치료자가 자신을 쳐다보거나 또는 판단할지 모른다는 두려움 때문에 눈을 감을 수 없거나 감으려고 하지 않는다. 또한 환자는 예상치도 못한 일을 치료자가 할지 모른다고 두려워할 수도 있다. 우선, 환자가 눈을 감지 않으려는 이유를 알아본다. 그런 다음 환자는 치료자에게 자신이 더 안전하게 느끼는데 도움이 되는 제안을 할 수 있다. 예를 들어 치료자도 눈을 감거나, 의자를 환자에게 향하지 않는 다른 방향으로 돌려놓거나, 아니면 환자와 더 멀리 떨어져 앉도록 할 수도 있다. 그리고 환자에게 1~2분 정도 눈을 감고 그것이 어떤 느낌인지 알아보도록 제안할 수 있다. 그런 다음 눈을 감는 시간을 점점 늘려간다.

어떤 기억을 선택해야 하나?— 종종 서로 겹치는 많은 기억들이 밀려들면 환자는 매우 위협적으로 느낄 수 있다. 만약 환자가 그 기억들 가운데 하나를 선택할 수 없다면 이것은 환자의 삶이 너무나 혼란스럽다는 의미이며 심상연습을 시작하기 전에 우선 안정을 취해야 한다는 신호일 수 있다. 만약 환자가 하나의 기억을 선택할 수 있다면 그 중 어릴 적 기억을 선택하도록 한다. 어렸을 적에는 어른처럼 행동하거나 가정을 꾸리고 아기를 돌보는 행위를 하지 않는 것이 당연하다. 그러므로 지나친 처벌과 (성적인)학대가 부모의 책임이지 아이의 책임이 아니라는 것을 환자 스스로 빠르고 명확하게 인식하도록 만들기 위해서는 어릴 적 기억을 선택하는 편이 더 쉽다.

동일한 기억의 계속적 반복— 환자가 자신의 주제와 관련된 기억이 아닌 장면을 계속 떠올린다면 아마도 고통스러운 주제에 대한 회피가 있는 것이다. 이때 치료자는 이러한 고통스러운 주제들을 심상이라는 수단으로 다룰 것을 제안하고 심상 다시쓰기로 재경험하는 것이 매우 중요하다는 것을 설명해 주어야 한다. 왜냐하면 이런 주제와 사건들이 환자의 역기능적 심리도식에 중대한 영향을 미치고 있기 때문이다.

기억을 '찾을' 수 없음— 환자가 어린 시절에 대한 기억이 없다고 말한다면 이런 기억들이 떠올려지는 것을 의식적으로 원하지 않거나 그 기억들을 깊이 묻어두어서 기억해내는데 실제로 어려움을 겪고 있는 것일 수 있다. 이때 즐거운 기억을 불러내는 심상을 사용하면 종종 불쾌한 상황에 대한 기억이 떠오르는 경우가 있다. 고통스러운 기억과 처벌에 대한 두려움이 환자에게 크게 작용하고 있는 경우라면 이런 감정들을 인식하고 어떤 양식이 개입되어 있는지 살펴보는 것이 도움이 된다. 특히 '처벌적인 부모'의 양식이라면 즉시 다루어져야 한다. 방해하는 양식을 효과적으로 다룬 다음에야 심상작업이 가능하다. 환자가 자신의 감정을 통제하기 힘들지도 모른다는 생각에 두려워한다면 치료자는 심상과정에서 충분히 통제가 가능하다는 것을 알리고 환자가 적극적으로 시도하도록 권유한다. 심상과정 중 환자가 감정을 통제하는데 어려움을 겪는다면 치료자는 우선 환자가 눈을 뜨고 하나의 지점을 쳐다보면서 일정 시간을 보내게 할 수 있다. 이것은 환자에게 큰 안전감을 가져다준다. 그러나 아동기 기억이 너무 위협적인 것으로 드러나면 아직 심상작업을 시행하기에 너무 이른 것이므로 치료자는 환자와의 신뢰관계를 발전시키는데 더 중점을 두어야 한다. 만약 환자가 치료자와 관계 맺기를 거부한다면 치료자는 심상을 중단하고 환자가 이 상태에서 벗어나도록 해야 한다. 심상작업을 다시 시도하기 전에 반드시 치료관계에서의 안정감이 확립되어야 한다. 많은 경우, 심상작업을 지속적으로 시도하다보면 아동기의 기억이 떠오른다.

환자가 어느 누구도 자신의 부모에 대항하는 것을 원하지 않음— 환자가 잘못된 충성심에서 처벌하는 부모를 거부하거나 대항할 수 없는 경우도 있다. 이때 치료자는 치료의 목적이 현재 환자 부모의 존재자체를 거부하는 것이 아니라 환자의 역기능적 심리도식 형성과 관련된 부모의 행동을 다루는 것이라고 설명해 주어야 한다. 환자가 자신의 부모님에 관한 모든 것을 거부할 필요는 없으며 어떤 가치와 규율을 보유하고 싶은지 또 어떤 것들을 거부하고 싶은지를 자세히 살펴봐야 한다.

환자가 개입이 잘못된 것이라고 생각함— '심상 다시쓰기' 이후에 환자가 자신 또는 치료자의 개입에 불만족스러워하는 경우가 종종 있다. 이 경우에는 앞서 한 것과 다른 개입을 사용하여 심상과정을 반복할 수 있다. 만약 처음에는 환자가 어른 노라 혹은 조력자의 형태로 자신의 어머니를 흠씬 때려주기를 원했지만 이후 어머니를 감옥에 가둬두는 것이 더 낫겠다고 생각한다면 이 것을 심상 속에서 바꾼다. 그러나 심상 다시쓰기는 항상 어린아이를 보호하고 도움을 주는 것이 목적이라는 것을 명심해야 한다. 학대하고 폭력적인 부모가 계속해서 학대하도록 내버려두는 심 상훈련은 트라우마가 반복되는 결과로 나타난다. 이런 상황이 생기면 치료자는 즉시 개입하여 학 대하는 부모를 중단시켜야 한다.

환자가 심상 다시쓰기를 비현실적이라고 느낌— 이 문제에 대한 가장 간단한 해결책은 다른 개 입을 생각해보는 것이다. 그러나 환자가 감정을 폭발할지도 모른다는 두려움 때문에 심상에 집 중하지 않거나 또는 방어자양식이 비현실적이라고 여기면서 심상을 시도하길 회피하는 경우라 면 치료자는 환자가 심상을 시도해 볼 수 있도록 최대한 지지해주어야 한다. 또 다른 해결책으로 는 치료자는 심상 다시쓰기가 환영의 기술이기는 하지만 환자의 현재문제 이면에 있는 아동기 경 험에 대한 기억을 처리하는데 매우 도움이 된다는 사실을 설명해 줄 수 있다. 어떤 환자는 기억 이 늘 변하는 것이라는 '가소성(plasticity)'에 대한 설명을 설득력 있게 생각하며 어떤 환자는 그 기법의 체험적 증거를 설명해주면 믿는다.

죄책감— 환자가 아이였을 때 학대를 멈추게 하기 위하여 아무것도 하지 않은 것에 죄책감을 느낀다면 그 나이대의 아이가 통상 무엇을 할 수 있는가를 정확하게 설명해주는 것으로 환자는 안심하기도 한다. 환자가 정상적인 발달에 대한 지식을 제대로 갖지 못하고 있는 경우가 많기 때 문이다. 직접적으로 환자 주변에 있는 아이들을 관찰하게 함으로써, 가령 네 살짜리 아이가 얼마 나 작고 어린지 그리고 그 아이가 자기 삶과 주변 환경에 대하여 얼마나 보잘것없는 통제권을 갖 고 있는지 인식하게 만들 수 있다. 치료자는 또한 '정상' 아동의 예로서 자신의 어린 시절의 사례 를 이야기해줄 수도 있다.

환자가 아동기 후반의 기억만을 보고함— 어떤 환자는 가령 13세 이후와 같은 자신의 아동기 후반의 기억만을 보고하며 그 이전의 기억을 찾지 못한다. 이때 치료자는 환자에게 청소년기의 기억을 통해 그 이전의 아동기에 대한 기억을 찾아보도록 할 수 있다. 또 다른 방법으로는 환자 에게 다른 사람이나 다른 출처에서 비롯된 초기 아동기의 상황을 기억해내도록 요청하는 것이다. 그러나 종종 특정한 양식이 이것을 방해하는데 예를 들면 강렬한 감정과 무력감이 일어나지 못 하게 막는 '거리를 두는 방어자양식'이나 '처벌적인 부모양식(반항하는 청소년을 비난하기란 쉽 다)' 같은 것이 있다. 이런 경우에는 이 양식들에 적합한 기법들을 먼저 사용해야 한다(9장 참조).

환자가 자신을 아동의 관점으로 옮기지 못함— 이것은 아동이었을 때 대리부모 역할을 강요당한 환자들에게서 흔히 나타나는 문제이다. 이들은 필요에 의해 어린나이에 '어른'처럼 행동할 것을 요구받았기 때문에 아동이 세상을 어떻게 경험하는가에 대하여 매우 제한된 인식을 갖고 있다. 이때 치료자는 부모로서의 책임을 그 어린아이로부터 가져와 책임 있는 다른 이(예: 아동복지 서비스, 사회사업가, 다른 치료자)에게 넘겨주도록 한다. 이것이 가능해야지만 환자는 자유롭게 자신의 욕구를 경험할 수 있게 된다. 환자가 아이처럼 느끼게 돕는 또 하나의 방법은 환자가 심상작업을 하는 동안 치료자가 마치 어른이 아이에게 말하듯이 이야기하는 것이다.

심상 다시쓰기는 환자의 심리도식을 변화시킬 수 있는 강력한 도구이다. 앞에서 언급했듯이 경계선 성격장애 환자에게는 이 기법을 연속적으로 계속 사용할 필요는 없지만 치료자와 환자 모두 심상 다시쓰기를 기피하는 경우에는 장기간 동안 두 회기마다 한 번씩 사용하는 계획을 세우는 것도 현명하다. 그리고 인지적, 행동적 기법뿐만 아니라 다른 체험적 기법을 사용하여 심상 다시쓰기에 변화를 줄 수 있다.

역할극

심리도식을 변화시키기 위한 역할극은 환자의 현재 사건뿐만 아니라 과거 상황을 다루는데 도움이 된다. 환자의 유년기에 초점을 맞춘 역할극을 '과거 상황 역할극'이라고 한다. 과거 상황 역할극은 심상 다시쓰기와 유사한 강력한 효과를 낳을 수 있다. 심상 다시쓰기와 과거 상황 역할극 중 어떤 것이 더 많이 쓰일지는 치료자와 환자의 선호에 따라 결정된다.

'과거 상황 역할극'의 적용영역은 심상 다시쓰기 영역과 비슷하다(이 장의 시작 부분 참조). 그러나 치료자가 학대하는 부모의 역할을 연기할 수는 없으므로 따라서 학대를 다루는 상황은 심상 다시쓰기에서만 적용되어진다.

심상 다시쓰기와 역할극의 또 다른 차이점을 들자면 역할극은 심상 다시쓰기에 비해 환자에게 부모와의 상호작용에 있어서 자신의 역할에 대한 큰 통찰을 환자에게 줄 수 있다는 것이다. 또한 환자 부모가 가졌을 수도 있는 동기(이것은 환자가 어릴 적에 경험하지 못한 것이다)에 대해서도 더 큰 통찰을 줄 수 있다('2단계: 역할 바꾸기' 참조).

예를 들어 아동기 아버지의 부재(不在)가 환자에게 사랑의 부재 또는 거부의 경험이 될 수도 있고 이것이 환자의 열등감을 부추겼을 수도 있다. 역할극을 통해 환자의 아버지가 자신의 자식을 정말로 사랑했지만 어머니와의 갈등을 피하기 위하여 떨어져 있었음이 드러난다. 관심의 부재는 맞는 말이지만 환자의 아버지가 환자를 무가치한 자식으로 여겼기 때문이라는 결론은 잘못된 가정임이 밝혀진다.

이러한 형식의 역할극은 모호한 상황을 분명히 드러내는 데 사용된다. 즉 부모님의 행동이 역기능적이었지만 그것은 어린 시절의 환자를 거부한 것이 아니라는 것을 명백히 알 수 있게 된다.

과거 상황 역할극

역할극을 준비할 때에 먼저 환자와 치료자는 환자의 과거와 관련된 경험을 찾는다. 일반적으로 환자는 이제까지 주기적으로 여러 가지 곤경에 빠지는 많은 상황들을 경험해 왔다. 이러한 현재 상황은 이와 유사한 과거사건과 연결되어 있다. 노라의 경우 그녀는 직장동료들로부터 감정적으로 무시당한다고 느끼는 상황을 계속해서 경험해왔다. 그때마다 그녀는 공포를 느꼈고, 고립되었다는 느낌에 압도당했다. 노라는 동료들이 자신을 무시하고 있다는 사실을 상사들이 알지 못한다고 생각했으며, 또 이런 상황을 상사들에게 알린다면 그들은 그녀에게 투덜이라는 딱지를 붙일 것이라고 생각했다. 환자의 과거에서 이러한 상황과 관련된 사건이 발견되면 치료자와 환자는 어떤 심리도식과 양식이 그 과거사건에 의해 발달되거나 강화되었는지 탐색한다. 이 과정을 위해 3단계 역할극 모델을 시도한다(표5.4 참조).

| 표5.4 | 과거 상황에서 역할극의 3단계

	역할 배분	역할 연기
1단계	환자=아동	원래 상황
	치료자=상대방	
2단계	환자=상대방	원래 상황; 역할 바꾸기
	치료자=아동	환자는 그 상황에서 상대방의 관점을 경험한다.
3단계	환자=아동	이제 환자가 새로운 행동을 시도한다.
	치료자=상대방	

역할극을 하는 동안에는 '일반적인' 치료를 할 때와 다른 의자 또는 다른 장소를 사용하는 것

이 중요하다. 이것은 역할 혼동을 막아준다. 그리고 치료자 방 안의 가구와 물건들에 의해 상황이 더 강화될 수 있다. 환자는 자신이 할 수 있는 한 최대한 과거에 몰입해야 하며 어릴 때의 느낌을 재현하고 그때의 생각을 끌어내기 위하여 가능한 한 실제 8살 노라처럼 되려고 노력해야 한다. 이 과정을 돕기 위하여 환자와 치료자는 이야기를 할 때 현재형 시제를 사용한다. 치료자는 환자나 관계된 다른 사람들을 정확하게 흉내내기 위하여 최선을 다한다. 더 정확한 역할연기를 위하여(예를 들어 역할과의 성별의 차이를 없애기 위해) 치료자와 환자 말고도 다른 사람이 역할극에 들어오도록 할 수도 있다(예. 환자의 친구나 치료자의 동료).

1단계 : 원래 상황

원래 상황을 연기한다. 환자는 아동의 역할을 하고 치료자는 환자가 이야기한 다른 중요한 사람(대개는 부모)의 역할을 한다. 역할극에서는 환자의 역기능적 생각을 형성시켰던 과거의 구체적 순간을 포착하는 것이 핵심이다. 또한 역할극은 오랜 시간 지속되어서는 안 된다. 환자는 치료자가 연기하려는 사람의 행동에 관한 정보를 제공하면서 가능한 한 그 상황을 정확하게 묘사해야 한다. 치료자도 실제로 그 사람이 '되기' 위하여 자신이 연기하고 있는 사람에 관하여 되도록 자세히 물어봐야 한다. 그러나 이런 준비과정이 상담시간의 절반 이상을 차지해서는 안 되며 간단해야 한다. 그렇지 않으면 역할극의 세 단계가 한 회기 내에 종료되지 못할 가능성이 크다. 역할극이 진행되는 동안 상황은 점점 더 구체적으로 변화된다.

역할극 1단계 사례: 과거 상황 재연

상황: 노라는 동료들이 사원야유회에 자신을 끼워주지 않은 것에 대하여 우울해하고 있다. 이것은 학교 다닐 적 친구들에게 놀림을 당해도 아무도 도와주지 않았던 상황을 떠올리게 만든다. 구체적 상황은 노라가 학교에서 돌아와 엄마에게 자신이 학교에서 놀림을 당하고 있다고 말하는 것이다. 그러나 엄마는 이에 대하여 아무런 반응이 없다.

역할극 1: 상황 재연
치료자는 엄마 역할을 한다. 그녀는 부엌에 서서 설거지를 하느라 바쁘다. 환자는 8살 노라이며 이제 막 학교에서 돌아왔다.

P: 엄마, 학교에서 아이들이 또 놀려요. 내 펜을 가져가서는 망가뜨렸어요.

T=엄마: (귀찮다는 듯이) 엄마는 바빠. 너하고 이야기할 시간이 없어.

P: 그렇지만 펜이 망가져서...

T=엄마: 지금은 바쁘다고 방금 말했잖아!

(환자는 한숨을 쉬며 그곳에서 떠난다.)

첫 번째 단계가 끝난 후 환자와 치료자는 각자 자신의 의자로 돌아와서 실제 상황에 비추어 역할연기가 정확했는지, 실제 상황과 동일한 감정이 일어났는지를 이야기한다. 역할연기가 제대로 되지 않았으면 환자는 연기가 더 진짜처럼 될 수 있도록 추가적 정보를 제공한 후 다시 역할극을 진행한다. 그런 다음 일어난 감정을 포함하여, 역기능적인 해석을 글로 적어 본다. 치료자와 환자는 이 해석과 감정 그리고 함께 일어나는 양식들 사이의 관련성을 찾아본다. 치료자는 환자자신 및 타인에 대한 해석을 확인하고 아이에 대한 상대방의 관점을 가정해본다. 노라는 이 사건이 실제로 일어났을 때 만큼이나 슬프고 무력해 했었다. 그래서 그녀는 이렇게 결론을 내렸다. "엄마는 나를 차갑게 대하셨지. 그러니까 엄마는 나를 귀찮은 아이라고 생각하셨던 거야." 이 결론은 '버림받은 아이양식'이 형성되게 하였다. 그래서 그녀는 "아무도 나를 사랑하지 않아"라고 생각한다. 치료자는 환자의 말을 칠판에 모두 적는다. 그런 다음 치료자는 환자에게 이 결론들의 신뢰도를 0~100점까지의 점수로 평가하도록 요청하고 그 점수를 각 결론 옆에 기록한다.

2단계 : 역할 바꾸기

2단계에서 치료자는 환자와 역할을 바꿀 것을 제안한다. 환자는 이제 다른 사람의 역할을 하고, 치료자는 아이의 역할을 연기한다. 역할극을 준비함에 있어 치료자는 환자가 가능한 한 엄마와 '흡사'하도록 노력해야 한다는 것을 강조한다. 치료자와 환자는 엄마(혹은 그 외 인물)가 지녔던 여러 가지 전형적 특징들과 삶에 있어 이 시기에 처했던 상황에 대하여 이야기한다.

역할극 2단계 사례: 역할 바꾸기

노라가 엄마 역을 연기하면서 부엌에서 바쁘게 설거지를 한다. 치료자는 8살의 노라이고 이제 막 학교에서 돌아왔다.

T=노라: 엄마, 학교에서 아이들이 또 놀려요. 내 펜을 가져가서는 망가뜨렸어요.

P=엄마: (귀찮다는 듯이) 엄마는 바빠. 너하고 이야기할 시간이 없어.

T=노라: 그렇지만 펜이 망가져서…

P=엄마: 지금은 바쁘다고 방금 말했잖아!

(치료자/노라는 한숨을 쉬며 멀리 가버린다. 환자/엄마도 한숨을 쉰다)

역할연기 후에 환자가 경험한 생각과 감정을 중심으로 이야기한다. 논의 중에 치료자는 노라의 어머니가 그런 행동을 한 이유에 대하여 노라의 견해가 바뀌는지에 특별한 주의를 기울인다.

2단계: 논의의 사례

P: 내가 너무 피곤해서 딸아이의 말에 귀 기울이지 못했고 그러다보니 딸아이를 그렇게 냉담하게 대했다는 걸 깨달았어요. 그렇지만 딸아이가 귀찮아서 그랬던 것은 아니에요.

T: 노라가 귀찮아서 그런 게 아니라면 왜 한숨을 쉬었죠?

P: 너무 피곤해서…. 아이 넷을 돌보는 데 완전히 지쳐버렸어요.

T: 방금 기록한 가정들을 보면서(칠판을 가리키며) 당신이 바꾸고 싶은 것은 무엇인가요?

P: 아이 넷을 돌봐야 해서 우리 엄마가 지치셨다는 것, 그리고 그것이 엄마에겐 큰 부담이었다는 것…. 그게 바로 엄마가 내게 그토록 무관심했던 이유군요.

이 새로운 깨달음은 노라가 전부터 가졌던 생각(가정)을 바꿀 수 있게 한다. "엄마는 내게 냉담했고 나를 위해 시간을 내지 않으셨어. 그렇지만 이것은 내가 미워서가 아니라 엄마가 너무 지치셨기 때문이야." 치료자는 앞서 적어놓았던 생각(가정) 아래에 새로 바뀐 내용을 적는다.

또한 환자가 부모의 입장에서 아이를 바라보도록 하고 이에 관해 이야기하게 한다. 만약 환자가 부모의 역기능적 행동과 마주하고 싶지 않다면 아이는 미리 숨어버릴 가능성이 있다.

2단계: 개인적 나눔의 사례

T: 엄마로서 당신의 딸에 대하여 무엇을 관찰했나요?

P: 아무것도요.

T: 아무것도 관찰 못했다는 말씀인가요?

P: 노라는 내 말에 한마디도 응답하지 않아요.

T: 왜 노라가 응답하지 않는지 알고 있나요?

P: 엄마는 몰라요. 아마도 다른 일이 바쁘시거나 한 거겠죠. 그렇지만 나는 무서워요. 내가 혹시 엄마를 귀찮게 해드리면 엄마가 미쳐버리지나 않을까 걱정돼요.

T: 이제 우리는 당신의 신념에 추가할 것이 생겼습니다..... 나는 엄마가 폭발할까봐 엄마에게 더 조르지 않았고....그리고....

P: 그리고 나는 내가 훨씬 더 귀찮은 존재였다고 생각해요.

치료자는 아이가 완전히 부모에 의존하고 있는 상황에서 다른 선택이 없었다는 것과 '정상적인' 부모라면 어떻게 반응하는지 거의 보지 못했다는 사실을 설명해주어야 한다. 대개는 그녀에게 귀찮은 존재라고 딱지 붙였던 다른 과거사례들이 존재한다. 그런 사례들은 자신이 귀찮은 존재라는 그녀의 믿음을 더 강화시킨다. 그러나 환자가 자신의 행동에 대하여 죄책감을 느끼게 하는 것이 이 연습의 목적은 아니다('역할극에서 자주 발생하는 문제점' 참조).

3단계 : 다시 쓰기

세 번째 단계에서 치료자는 다시 환자에게 아이역할을 하도록 요청한다. 그러나 이번에는 환자가 앞서 했던 역할연기와 논의에서 배운 새로운 정보를 활용하도록 한다. 예를 들어 환자는 이제 자기주장을 당당히 하고 심지어 큰 목소리로 이야기할 수 있다. 새로운 상황에서 치료자는 아이의 변화된 행동에 맞춰 상대방 역할을 즉석에서 연기한다.

즉석연기가 환자에게 신뢰를 준다면 치료자는 전체과정에 대하여, 그리고 처음 내렸던 가정에 대하여 다시 평가해보는 단계로 나아갈 수 있다.

3단계: 새로운 행동시도 사례

역할극을 준비하면서 치료자는 이제 환자가 어머니의 관심을 얻는데 있어 새로운 방법을 시도해볼 때가 되었다는 것을 강조한다. 치료자는 설거지와 집안 정리를 하느라 바쁜 엄마역할을 한다. 환자는 8살 노라 역할을 하며 학교에서 방금 돌아온 상황이다.

P: 엄마, 아이들이 학교에서 또 놀려요. 내 펜을 가져가서 망가뜨렸어요.

T=엄마: (귀찮다는 듯이) 엄마는 바빠. 너하고 이야기할 시간이 없어.

P: 그렇지만 펜이 못쓰게 되었다고요.... 아이들은 또 나한테 욕을 하고 때리기도 했어요.

T=엄마: 지금은 시간이 없대두! 엄마가 바쁘다고 말했잖니!

P: 엄마, 제 말이 안 들려요?! 아이들이 나를 때려서 팔에 상처가 났다구요.

T=엄마: (피곤한 얼굴로 상처를 바라본 후 충격을 받고) 넌 뭐라고 말했니? 선생님은 뭐라고 하셨니?

P: 아무 말도 안 했어요. 선생님은 보지도 못하셨어요.

T=엄마: 아니, 어떻게 이런 일이! 엄마가 집 밖에 나갈 수가 없으니 미아(Mia) 이모한테 부탁해서 내일 너와 함께 학교에 가보라고 해야겠구나. 이모가 선생님과 이 일에 대해서 얘기를 하게 해야겠어.

치료자는 환자의 개인사에 관한 지식을 활용해 미아 이모에게 도움을 요청하는 상황을 즉석에서 만들어냈다. 미아 이모는 노라가족과 아주 친하게 지냈고 노라 엄마가 도움이 필요할 때면 자주 도와주었다. 만약 환자가 즉석연기를 비현실적이라고 생각한다면 치료자는 다른 것을 시도해야 한다. 치료자와 환자는 마침내 다음과 같은 결론에 이르렀다.

"내가 만약 어른처럼 분명하고 힘이 있었다면, 매일 괴롭힘을 당해왔으며 선생님은 그에 대하여 아무 조치도 안했다고 엄마에게 말했을 것이고 엄마는 나를 도와주셨거나 이모에게 부탁했을 겁니다. 엄마가 매우 지친 상황이라 하더라도 말입니다. 엄마는 분명 뭔가를 하셨을 겁니다. 나는 사랑받을 가치가 있는 존재니까요."

3단계의 목적은 환자에게 다르게 행동했어야 한다는 것을 알려주는 것이 아니라 상황에 대하여 과거에 내린 해석과 다른 해석이 가능하다는 사실을 경험하도록 하는 데 있다. 그렇게 함으로써 역할극은 환자의 과거뿐만 아니라 현재의 삶에서 일어나는 상황에도 적용될 수 있다. 예를 들어 이제 노라는 자신이 직장 동료들에게 따돌림 당하는 느낌을 그토록 싫어하는 이유를 잘 이해할 수 있다. 또한 이 문제에 대하여 직장의 상사와 이야기를 나누어야 하는지에 대한 판단도 더 명확해질 것이다.

역할극에서 자주 발생하는 문제점

과거 상황 역할극을 할 때 부딪히는 문제점은 심상 다시쓰기에서 부딪히는 문제와 유사하다. 그 중 가장 중요한 문제점은 다음과 같다.

1단계의 역할연기가 너무 복잡함– 준비하는 동안 역할연기의 시나리오가 너무 많은 장면을 담게 된다면 치료자는 환자가 상황을 줄이도록 도와주어야 하며 환자와 함께 어느 상황이 심리도식 혹은 양식이 형성되는 데 가장 큰 영향을 미쳤는지를 선택해야 한다.

부모의 역할이 너무 폭력적임– 역할극 중 폭력이 너무 많이 등장하는 경우가 있다. 이런 경우라면 치료자는 부모역할을 연기해서는 안 되며 심상 다시쓰기를 통해 이 상황을 다루는 것이 더 낫다.

환자가 상대방 역할을 하지 못함– 환자가 상대방의 역할을 하지 못하는 이유에 대하여 더 깊이 들여다보아야 한다. 분명한 이유를 찾을 수 없다면 역할극의 내면논리에 대하여 설명해주는 것이 도움이 된다. 포기하기 전에 한 번 더 시도하도록 환자에게 요청하라. 환자가 공격적인 역할을 해야 할 필요가 있다고 설명할 수도 있다. 혹은 치료자는 2단계를 건너뛰고 3단계에서 지금까지와 다른 행동을 시도해보라고 환자에게 권할 수도 있다. 또 다른 방법으로는 심상 다시쓰기로 전환하는 것이다.

부모의 행동에 대한 새로운 관점을 세울 수가 없음– 부모가 실제로 아이를 거부했기 때문에 부모의 행동변화 가능성이 없는 경우라면 치료자는 이 문제를 억지로 제기해서는 안 된다. 그렇게 되면 3단계에서 환자가 화가 나서 뛰쳐나오게 될 수도 있다. 이 문제 역시 심상 다시쓰기에서 해결해 볼 수 있다.

실제 상황에서 이와 같이 적절히 반응하지 않았기 때문에 3단계가 끝난 뒤 환자가 죄책감을 느낌– 치료자는 환자가 아이였기 때문에 당시 상황뿐 아니라 자신의 삶에서 다른 선택을 하기란 불가능했었다는 것을 설명해주어야 한다. 환자가 성인이 된 후에야 치료자의 도움을 얻어 대안적 반응에 대해 생각한 후 시도하는 것이 가능할 것이다.

치료자가 아이의 과거 행동에 대해 환자에게 죄책감을 느끼게 만든다고 염려함– 이런 종류의 상황들은 치료자의 실수이다. 그 시기의 자신의 삶에 대하여 환자는 죄책감을 느껴서는 안 된다. 아이였을 때는 그 상황에서 무엇을 해야 할지 알지 못했기 때문이다. 역할극은 부모와 그녀 자신의 역할에 대한 관점을 제공해준다. 이것은 실제로 그녀가 가졌던 개인적 죄책감과 부모에 대한 그녀의 감정에 매우 큰 카타르시스 효과를 줄 수 있다. 환자는 이런 결론에 이른다. "아이 때에는 쉽게 겁을 먹었어. 그러나 이제는 더 이상 그럴 필요가 없어. 나에 대한 어머니의 반응이 적절치 못했던 것은 어머니 혼자서 가정을 돌보는 것과 이혼 때문에 너무나 큰 스트레스를 받고 계셨기 때문이었어." 이것은 "엄마가 나를 사랑하지 않으셨어."라는 신념과는 전혀 다른 감정을 낳는다.

현재 상황의 역할극

과거 상황 역할극에서처럼 현재 상황도 3단계로 재연할 수 있다.

현재 상황에 대한 역할극 또한 그 초점이 심리도식의 변화에 있는 것이 아니라 그 도식이 타인의 행동에 대하여 지금까지 어떤 식으로 잘못된 해석을 내려왔는지를 깨닫는데 있다. 특히 역할을 바꾸는 2단계에서는 상대방의 행동이 환자자신의 행동에 미치는 영향뿐만 아니라 상대의 행동에 대한 재해석을 가능하게 한다.

현재 상황에 대한 역할극 사례

자신이 처벌적인 양식에 있을 때 왜 남자친구와 다투는지 노라는 잘 이해가 되지 않았다. 이 양식에 있는 동안 그녀는 남자친구에 대하여 매우 비판적이었으며, 남자친구가 하는 일이 하나도 마음에 들지 않았다. 노라가 남자친구의 역할연기를 몇 차례 하고 나서 그녀는 이 양식에 있을 때 자신의 행동이 상대에게 미치는 영향에 대하여 더 잘 알게 되었다. 나아가 그의 짜증내는 행동이 그녀의 처벌적인 측면(그도 나를 비난한다)을 더 강화시킨다는 것도 이해하게 되었다. 역할극을 통해 그녀는 자신이 갇혀 있는 부정적 고리에 대하여 더 잘 인식하게 되었다. 그 후 그녀는 이것에 대해 남자친구와 의논하였고 이런 일이 다시 일어날 경우 자신의 처벌적인 측면을 멈출 수 있도록 30분 동안 멈춤 시간(time out)을 갖는 것에 대해 제안했다.

앞에서도 이야기했듯이 과거 상황 역할극은 다른 사람(대개 부모)의 행동이 부정이거나 긍정적으로도 해석이 내려질 상황에서 특히 도움이 된다. 현재 상황 역할극은 과거 상황 역할극과 유사하다. 다만 환자가 과거사건이 아니라 자신이 현재 직면하고 있는 상황을 다룬다는 점이 다를 뿐이다. 역할극의 매 단계에서 치료자는 환자와 함께 부정적 해석을 되도록 명확하게 적도록 한다. 인지적, 행동적 그리고 체험적 기법들 사이의 관계는 심상 다시쓰기 보다 역할극에서 더 분명하게 나타난다. 이 관련성은 다음 단락에서 설명할 '두 개 또는 그 이상의 의자기법'에서도 강하게 나타난다.

두 개 또는 그 이상의 의자기법

환자 성격의 각각 다른 면들은 두 개 또는 그 이상의 의자기법(two-or-more-chair technique)을 사용하여 다루어질 수 있다. 이것은 처벌적이거나 방어하는 양식에서 벗어나기 힘들어하는 경계선 성격장애 환자들에게 유용하다. 또한 오래된 역기능적인 심리도식과 새로 형성된 건강한 심리도식 사이에서 갈등이 일어날 때도 유용한 방법이다. 이것을 '심리도식 대화(schema dialogue)'라고 말할 수 있다.

먼저 처벌적인 부모와 방어자양식에 대한 '두 개의 의자 기법'을 논의하고 그런 다음 다양한 양식에 대한 의자기법을 알아보도록 한다.

처벌적인 부모양식에 대한 두 개의 의자기법

회기 중 환자에게 처벌적인 양식이 나오는 것처럼 보이면 먼저 치료자는 현재 상태가 처벌적인 양식이라는 것을 확실히 알려 주어야 한다. 대개 환자는 이 사실을 알아차리지 못하므로 회기 중에 나타나는 양식을 환자에게 분명하게 말하고 함께 확인해야 하는 것이다. 그런 다음 환자로 하여금 이 양식을 지닌 채 따로 떨어진 의자에 앉도록 제안한다(표 5.5 참조). 환자가 앉았던 의자 옆에 버림받은 아이(어린 노라)를 위한 빈 의자를 둔다.

처벌적인 부모의 의자에 앉은 환자는 자신의 감정이 아닌 이 양식의 인물로서 가혹한 말을 모두 표현한다. 그런 다음 치료자는 환자를 원래 의자에 앉힌다. 그리고 처벌적인 부모양식이 어린 노라에게 상처를 준다는 것을 확실히 받아들일 때까지 처벌적인 양식의 빈 의자를 향해 대화를 지속한다. 환자가 이것을 받아들이는데 성공하면 치료자는 환자에게 어린 노라의 의자로 가서 앉으라고 한다. 그리고 어린 노라의 목소리로 무엇이 그녀를 힘들게 했는지 말하도록 한다.

환자에게 매우 좋지 않은 영향을 미치는 처벌적인 양식을 다룰 때 치료자는 확실하게, 경우에 따라서는 화를 내기도 하면서 처벌적인 양식을 침묵하도록 한다.

처벌적인 부모양식에 대한 두 개의 의자기법 사례

P: 어제 또 늦잠을 자서 해야 할 일을 까맣게 잊어먹었어요. 난 너무 멍청해요.

T: 너무 자신을 비난하는 것처럼 들립니다. 내 생각에는 처벌적인 부모양식처럼 들리는데...

맞나요?

P: 둘째 날 또 늦은 건 너무도 바보 같은 짓이에요.

T: 저는 전혀 바보라고 생각하지 않아요. 처벌적인 부모양식을 다루어 보는 게 어떻겠어요?

(빈 의자를 가리키며)

저기에 앉아서 당신의 처벌적인 부모가 무엇을 말하는지 얘기해 줄래요?

P: 그래야만 한다면…

(다른 의자로 옮겨간 후 태도를 바꾸어서)

P: 좋아요, 다시 말하죠. 내 생각에 노라가 늦잠을 잔 것은 분명 멍청한 짓입니다.

T: 전 멍청하다고 생각하지 않아요. 어린 노라에 대하여 부정적으로 생각하기 때문에 당신
   은 그녀를 전혀 돕지 않고 있어요.

P: (치료자를 공격하듯) 걔는 멍청해요. 노라는 결코 나아지지 않을 거예요.

T: 좋아요, 원래의 의자에 다시 앉으세요. 그리고 제가 처벌적인 양식에게 말할테니 들어보
   세요. (화난 목소리로) 당장 멈추세요! 당신은 계속 어린 노라를 헐뜯고 있어요. 용납할
   수 없어요! (부드러운 목소리로) 지금 제가 처벌적인 양식에게 말한 게 무엇이죠?

P: 하지만 진짜 노라는 어리석고 문제를 일으키고 무책임하고…

T: (처벌적인 양식에게 공격하듯) 그만하세요! 당신이 그녀를 도울 수 있을 때까지 노라를
   떠나 있어요. 당신의 헛소리를 다시는 듣고 싶지 않군요.

(환자의 침묵)

T: 지금 처벌적인 양식이 뭐라고 말하고 있죠?

P: 더 이상 말하지 않아요.

T: (친근한 어조로) 어린 노라양, 지금 이 의자에 앉아 볼래요? (좀 전에 앉았던 의자가 아닌
   다른 빈 의자를 가리키며) 자, 말해봐요. 늦잠 잔 이유가 뭐지요?

P: (슬프게) 한밤중에 잠이 깨서 한참을 뒤척이다가 잠들었어요. 그래서 아침에 알람소리를
   듣지 못했어요.

T: 그래서 늦었구나. 간밤에 잠을 잘 잘 수가 없었구나. 많이 힘들었겠네. 그런데 무슨 걱정
   거리가 있니?

대부분의 환자들은 특히 치료자가 화를 낼 때 처벌적인 부모의자에 앉아 있는 것을 매우 힘들어한다. 이것을 방지하기 위하여 치료자가 처벌적인 부모와 싸우려 할 때, 환자를 원래 앉았던 의자로 돌아오게 한다. 그렇게 되면 치료자는 빈 의자를 향해서 말하게 된다(표 5.5 참조). 이 때 자신의 의자로 돌아온 환자는 처벌적인 부모가 말한 것만 이야기할 수 있다. 치료자가 빈 의자로부터 더 이상 대답을 듣지 못하더라도 그가 빈 의자에게 이야기한 내용에 대해 처벌하는 부모가 무슨 말을 하는지를 환자에게 물어 봐야만 한다. 이러한 방법으로 처벌적인 부모가 말하려는 것을 환자가 계속 말하게 한다. 이것은 환자로 하여금 치료자와 처벌적인 부모사이의 갈등을 동시에 관찰할 수 있도록 해준다.

빈 의자에 있는 처벌적인 부모양식에 대한 두 개의 의자기법 사례

이전의 사례를 다른 방식으로:

T: 나는 당신이 멍청하다고 전혀 생각하지 않아요. 그리고 처벌적인 부모양식을 다른 의자에 두면 어떨까요? (빈 의자를 가리키며) 저기에 앉아서 처벌적인 부모가 무엇을 말하는지 얘기해 줄래요.

P: 싫어요. 그러면 당신이 나에게 화를 낼 것 같아요.

T: 좋아요. 그러면 처벌적인 양식을 빈 의자에 앉힙시다. 그리고 나는 빈 의자에게 말할 겁니다. 당신도 괜찮죠?

(고개를 *끄덕이는* 환자)

T: (빈 의자를 향해) 당신은 노라가 늦잠 잔 것에 대하여 멍청하다고 생각하네요. 전 그렇게 생각 안 해요. 당신은 어린 노라에 대하여 너무 비판적이어서 그녀를 돕지 않은 겁니다.

T: (환자를 보고 친근한 목소리로) 지금 처벌적인 양식이 뭐라고 하나요?

P: 당신은 전혀 이해를 못한다고 해요. 그리고 나보고 멍청하다고 말해요.

T: (빈 의자에 대고 화나는 목소리로) 당장 멈춰요! 당신은 계속 어린 노라에게 헛소리를 하고 있어요. 더 이상 봐 줄 수가 없네요.

(치료자는 환자의 처벌적인 양식이 침묵할 때까지 계속한다. 그런 후 어린 노라에게 계속 말한다)

T: 자, 말해봐요. 늦잠 잔 이유가 뭐죠?

P: (슬프게) 한밤중에 잠이 깨서 한참을 뒤척이다가 잠들었어요. 그래서 아침에 알람소리를 듣지 못했어요.

T: 그래서 늦었구나. 간밤에 잠을 잘 잘 수가 없었구나. 많이 힘들었겠네. 그런데 무슨 걱정거리가 있니?

환자가 의자를 바꾸면서 성공적으로 건강한 양식과 처벌적인 양식의 역할을 하게 되면 스스로 처벌적인 양식과 싸울 수 있게 된다(Young, Klosko와 Weishaar, 2003). 그러나 환자가 성공적으로 건강한 성인과 처벌적인 부모양식 모두 연기할 수 있을 때 이 방법을 제안한다. 치료자의 역할은 건강한 성인의 입장에서 지도하는 것으로 제한되어야 한다. 일반적으로 환자는 건강한 성인의 표현을 명확하게 하지 못한다. 그때 치료자가 환자를 이끌어 줄 필요가 있다. 특히 치료자가 처벌적인 양식과 싸우는 치료초기, 처벌적인 양식이 일시적인 침묵 상태일 때 건강한 성인으로서의 치료자의 지도는 꼭 필요하다. 이러한 훈련을 통해 환자는 마음이 편안해지고 자신이 보호받는 느낌을 받는다. 처벌적인 양식이 침묵하는 동안 치료자는 나머지 상담시간 동안 환자를 편안하게 느끼도록 도와 줄 수 있다. 그러면 치료자는 전보다 더 나은 위치에서 환자의 문제를 도울 수 있다.

처벌적인 부모양식에 대한 두 개의 의자기법을 사용할 때 주의할 점

처벌적인 부모양식을 다룰 때, 심지어 의자가 빈 상태로 있을 때에도 치료자가 화를 내는 것에 대하여 환자가 참지 못할 때가 있다. 처벌적인 부모양식은 결국 실제 부모의 한 측면이다. 그래서 몇몇 환자들은 처벌적인 양식과 싸우는 것을 부모를 잃어버리는 것 같은 느낌과 연결시킨다. 이것은 부모가 비록 자신을 학대하고 불신했다 하더라도, 치료자가 그런 부모에게 화내는 것을 환자가 견디지 못하게 한다. 이때 치료자는 환자에게 지금 이 기법은 부정적 영향을 주는 부모의 처벌하는 부분을 침묵하게 하는 것이라고 설명해야 한다. 환자가 부모를 완전히 거부해야 하는 것은 아니라는 것이다. 아이의 실수에 대한 일반적인 부모의 반응을 환자에게 교육시키는 것은 도움이 될 수 있다. 누군가가 실수를 창피하게 여기지 않고 수용한다면 실수로부터 많은 것을 배울 수 있다고 설명해 줄 수도 있다. 이로 인해 환자는 치료자가 왜 그렇게 처벌적인 부모의 반응이 부정적이고 피해를 준다고 여기는지를 알게 된다. 치료자가 처벌적인 부모양식을 다룰 때에 화를 덜 내는 분위기로 조절하는 것도 가능하다. 그렇다 하더라도 처벌적인 부모양식이 더 이상 작동되지 않게 하는 것은 치료자의 임무이며 만약 그렇게 하지 못하면 처벌적인 부모양식은 여전히 환자의 감정을 지배할 것이다. 환자의 저항에도 불구하고 처벌적인 양식을 확실히 내보내는 것은 반드시 필요하다. 빈 의자(처벌적인 부모양식)를 방 밖에 두는 상징적인 행위도 유용한 방법 중 하나이다.

거리를 두는 방어자양식에 대한 두 개의 의자기법

거리를 두는 방어자양식을 다룰 때의 분위기는 처벌적인 양식을 다뤘을 때에 비해 덜 감정적이지만(9장 참조) 양식을 확인하는 치료자의 목적은 같다. 아래의 사례에서 보면 방어자양식은 회피하려고 한다. 그래서 치료자는 다른 의자에 어린 노라를 앉히고 대화를 진행한다.

방어자양식에 대한 두 개의 의자기법 사례

T: 오늘 어때요?

P: (건조하게) 좋아요

T: 한 주가 어떠셨나요? 얘기하고 싶은 거 없어요?

P: (피하듯 하품하며) 없어요, 정말

T: 모든 게 좋군요.

P: 예, 오늘은 일찍 마쳤으면 하네요.

T: 제가 보기에 당신은 지금 방어자양식에 있는 것 같습니다.

P: 아네요. 무슨 말이세요. 모든 게 너무 좋아요.

T: 당신은 이번 주 초에 제게 전화를 했어요. 좋지 않다고……그런데 지금은 모든 게 좋다고 말하고 있어요. 그래서 당신이 방어자양식에 있다고 여겨집니다. 오늘 우리는 의자기법을 통해서 방어자양식을 다루었으면 합니다.

P: 하지만 난 선생님이 하고자 하는 것을 할 기분이 아니에요. 너무 피곤해요.

T: 그럼 대신 방어자를 빈 의자에 앉히고 대화를 해보는 것은 어때요?

P: 좋아요

T: (빈 의자를 향해) 당신이 여기에 있는 이유를 알고 있어요. 성가신 일이 이번 주에 있었기

때문이죠. 하지만 당신이 어린 노라에게 말할 기회를 주었으면 합니다.

P: 그건 도움이 안 될 거예요.

T: (빈 의자를 향해) 어린 노라가 불쾌한 감정을 다루는데 어려움을 겪고 있기 때문에 당신이 노라를 떠나지 못한다는 것을 알고 있어요. 그러나 저 또한 그녀를 돕기 위하여 여기에 있는 겁니다. 오늘 저를 어린 노라와 만날 수 있도록 해주시겠어요? 치료동안 저를 어린 노라와 연결해 달라고 요청하는 겁니다. 노라가 혼자 내버려지거나 또는 감정에 압도되어 결국 자포자기하지 않도록 당신이 막으려 한다는 것을 이해합니다. 하지만 오늘은 제가 노라를 돕기 위하여 여기 있습니다. 제가 노라를 돌볼 수 있도록 옆에서 지켜봐주셨으면 좋겠어요. 노라를 위해서 잠시 동안이라도... 전 노라를 진심으로 돕고 싶고 그녀가 자신의 감정을 충분히 느끼게 해주고 싶어요. 하지만 당신이 저를 도와주지 않는다면 그렇게 할 수 없어요.

(치료자는 어린 노라와 함께 이야기 할 수 있는 여지가 생길 때까지 계속 노력한다)

거리를 두는 방어자양식에 대한 두 개의 의자기법을 사용할 때 주의할 점

이 기법상의 큰 문제는 거리를 두는 방어자가 물러나기를 거부하는 것이다. 여기서 방어자가 힘들게 할지라도 치료자가 화를 내지 않는 것이 중요하다. 화를 낸다면 치료자는 처벌적인 부모가 하는 행동을 하게 되는 것이다. 한편 방어자가 너무 완고하다면 이 양식을 다루기 위해 치료자는 강하게 대처해야 한다. 만약 이것이 처벌적인 부모를 작동시키는 결과를 초래하게 되면 치료자는 의자기법을 통하여 우선적으로 처벌적인 양식을 다루어야 한다. 이 경우에 처벌적인 양식과 방어자양식, 그리고 어린 노라를 위한 의자가 필요하다. 치료자는 어린 노라가 듣고 있다는 것을 의식하면서 호소하는 것 같은 어투로 방어자에게 말하는 것이 중요하다(난 노라를 돌볼 거고, 당신이 세운 벽 뒤에 그녀가 있는 걸 알고 있어. 그러나 그녀는 자신의 감정을 충분히 느끼고 표현하기 위해 내가 필요해....). 이것은 환자가 방어자양식을 약화시키는데 마음을 내게 하여 자신의 감정을 표현하게 한다. 환자가 감정을 말하기 시작하는 순간 이 기법은 성공한 것이며 치료자는 환자의 감정과 욕구를 다루게 된다.

심지어 치료자가 어린 노라의 의자에 앉아서 그녀의 욕구를 표현하는 경우도 있다. 즉 치료자에 의해 자신의 감정이 표현될 수 있고 또한 이해받게 됨으로서 환자는 안심하게 된다. 방어자식이 노라를 보호하고 있다면 그녀는 문제를 해결하기 위하여 어떤 도움도 받을 수 없다는 것을 치료자는 이야기 할 수 있다. 사실 방어자양식은 노라가 어떠한 감정도 느끼지 못하게 함으로써 그녀의 발전을 방해한다.

치료자가 방어자양식을 우회적으로 다루는 인지적 기법에서는 방어자양식의 장점과 단점을 논의할 수도 있다(9장 "거리를 두는 방어자양식에 대한 치료방법" 참조).

다수의 의자기법

때로는 처벌적인 양식이 사라졌다가도 방어자양식에 의해 즉시 재현되기도 하고 그 반대의 경우도 있다. 이런 이유로 새로운 의자가 다른 양식을 위하여 마련될 수 있다. 이것은 자칫 유치한 게임이 될 수도 있기 때문에, 치료자가 의자기법의 목표(어린 노라와 접촉)를 잊지 않고 운영할 수 있어야 한다. 어린아이가 마음을 열고 소통하기 위하여 버림받은 아이의 욕구를 표현할 수 있는 세 번째 의자를 추가할 수도 있다(표5.5 참조).

이 기법은 여러 개의 서로 다른 양식들에 의해 환자의 감정, 생각, 행동이 얼마나 영향 받는가에 대하여 더 많은 통찰을 갖게 하는 효과가 있다. 환자는 이 같은 대화가 자신의 내적사고과정에서 많은 부분을 차지한다는 것을 알게 될 것이다. 노라는 전에 이것을 '머릿속의 다툼'이라고 말했다. 이때에는 머리에서 일어나는 처벌적인 부모의 말에 관심을 두지 않거나 방어자양식을 떠나보내는 것이 도움이 된다는 것을 치료자로부터 배웠다. 이 치료의 장점은 환자가 역기능적인 면을 거부하는 것과 동시에 건강한 성인의 욕구를 수용하는 것이다. 어떠한 경우든 치료자는 처벌적인 부모역할이나 방어자역할을 해서는 안 된다. 이는 환자에게 혼란을 주기 때문이다.

보통 처벌적인 양식 또는 방어자양식이 한 번에 사라지지는 않는다. 이후 치료를 진행하는 동안 꽤 자주 나타날 수 있다. 치료자는 이 양식들이 나타나는 것을 환자의 목소리에서 알아차리게 될 것이다. 치료자가 환자의 억양변화를 알아차리게 되면 바로 치료자는 어떤 양식이 작동하는지 물어야 하며, 의자기법을 통해 이전에 이 양식들을 다루었던 과정을 반복한다.

변화하는 심리도식과 대처방식에 대한 두 개 또는 그 이상의 의자기법

이 같은 기법들은 치료의 후반부에서 문제를 지속적으로 야기하는 역기능적인 심리도식과 그에 대한 대처방식에 적용될 수 있다. 문제의 심리도식과 대처방식을 각각 하나씩 의자에 두고 건강한 성인은 다른 의자에 둔다. 치료자는 건강한 성인으로 각각의 의자를 활용하여 환자를 지도한다.

| 표 5.5 | 두 개 또는 다수의 의자기법

두 개의 의자기법			
양 식	양식 배치	치료자	환자
처벌적인 부모	빈 의자	건강한 성인으로 환자 지도	건강한 성인
처벌적인 부모	빈 의자	건강한 성인	버림받은 아동
처벌적인 부모	다른 의자	건강한 성인	처벌적인 부모
방어자	빈 의자	건강한 성인으로 환자 지도	건강한 성인
방어자	빈 의자	건강한 성인	버림받은 아동
방어자	다른 의자	건강한 성인	방어자
방어자	다른 의자	버림받은 아동	방어자에서 버림받은 아동으로
다수의 의자기법			
양 식	양식 배치	치료자	환자
번갈아 나오는 처벌적인 부모와 방어자	두 개의 빈 의자	건강한 성인으로 환자 지도	건강한 성인
번갈아 나오는 처벌적인 부모와 방어자	두 개의 빈 의자	건강한 성인	버림받은 아동
번갈아 나오는 처벌적인 부모와 방어자	두 개의 다른 의자	건강한 성인	처벌적인 부모 또는 방어자
번갈아 나오는 처벌적인 부모와 방어자	세 개의 다른 의자 또는 버림받은 아동	건강한 성인	처벌적인 부모 또는 방어자
심리도식과 대처전략에 따른 두 개의 의자기법			
양 식	양식 배치	치료자	환자
심리도식	다른 의자	건강한 성인으로 환자 지도	건강한 성인
대처방식	다른 의자	건강한 성인으로 환자 지도	건강한 성인

감정을 경험하고 표현하기

경계선 성격장애 환자들은 강한 부정적인 감정으로부터 도망치지 않고 경험하는 법을 배워야 한다. 만약 환자가 감정을 경험할 수 없는 것처럼 보인다면(2장의 '거리를 두는 방어자'와 9장 참조), 인생의 건강하고 기능적인 측면을 위해서 왜 감정이 필요한지 설명하는 것이 필요하다. 이렇게 하는 과정에서 치료자는 감정과 신체증상과의 관계도 설명한다. 그리고 기본적인 감정인 두려움과 불안, 화와 분노, 슬픔과 낙담, 행복과 기쁨 그리고 짜증에 대한 설명을 시작으로 환자에게 감정을 이해할 수 있도록 지도한다. 환자들을 가혹하게 대했던 사람에게 편지쓰기(Arantz, 2004)와 행동치료에서 사용하는 노출기법은 감정에 머물러 수용하도록 도와줄 수 있다.

인지일지를 적는 것 또한 도움이 된다. 어떤 상황에서 일어나는 감정을 묘사하는 것이 인지일지의 핵심사항이기 때문이다(6장과 부록 B참조). 분노 다루기를 배우는 것은 경계선 성격장애 환자들에게 있어 정말 힘든 것이며, 독립된 회기를 통해 이 주제에 대하여 집중적으로 다루어야 한다.

분 노

분노를 느끼고 표현하는 것은(화난 노라) 경계선 성격장애 환자들에게 있어서 특히 어려운 문제이다. 경계선 성격장애 환자들 몇몇은 치료시작부터 치료자를 포함하여 여러 사람이나 대상에게 화를 내기도 한다. 그러나 대부분의 환자들은 화를 표현하면 심각한 결과에 이른다는 경험 때문에 화를 뒤로 숨긴다. 그럼에도 불구하고 때때로 예상치못한 통제할 수 없는 분노가 터져 나오곤 한다. 이러한 폭발은 환자가 자신의 분노를 표현하는데 대한 두려움을 더욱 강화시키게 된다.

만약 치료 중에 환자가 화난 아이입장에서 화를 표현했다면 치료자는 이를 더 권유해야 한다. 치료자는 환자의 분노에 대한 자신의 반응에 매우 신중해야 한다. 만약 치료자가 과도하게 환자를 감싼다면 환자는 분노를 일시적으로 억누를 것이다. 반대로 치료자가 자기 자신의 처벌적인 양식에 의해 환자의 분노를 치료자 자신을 향한 개인적인 폭발로 여긴다면, 분노를 표현하는 것은 상대의 반감을 사는 것이라는 환자의 신념을 더 강화시키게 된다. 치료자는 자신을 방어하기 위하여 서둘러 환자의 분노를 억압하기도 한다. 치료자가 환자를 위하여 제공 할 수 있는 최고의 방법은 우선 환자를 괴롭히는 것에 대해 화를 표현하게 하는 것이다. 치료자는 차분한 어조로 환자가 무엇 때문에 화가 났는지, 왜 화가 났는지, 화나게 하는 일들이 더 있는지 질문을 계속해야 한다. 환자가 자신의 모든 분노를 표현할 수 있는 기회를 가져야만 치료자는 환자를 공감할 수 있고 화에 대한 정당성을 이해할 수 있게 된다. 그리고 나아가 화와, 화난 아이양식 사이의 관계를 알 수 있다. 환자가 화를 표현하면서 다소 진정이 되면 치료자는 환자의 이야기에서 현실과 비현실적 요소를 논의할 수 있다. 환자는 오랫동안 자신의 분노를 어떻게 다루는지 적당한 방법을 배우지 못하였기 때문에 이런 경우 어떻게 행동해야 할지를 모른다. 그래서 역할극을 통해 적절한 행동을 훈련하는 것이 필요하다. 표 5.6에서 분노를 다루는 4단계를 정리했다.

표 5.6 분노 표현하기

1. 분노 드러내기: 치료자는 중립을 유지하고 질문을 계속한다.

2. 공감하기: 치료자는 환자의 증오에 공감하고 양식과 연결한다.

3. 현실성 검증하기: 환자의 분노 중 어떤 부분이 정당하고 그렇지 않은지 이야기한다.

4. 분명한 행동 훈련하기: 앞으로 유사 상황에서 어떻게 대응할지에 대한 역할극하기.

분노 다루기 사례

P: 당신은 이해 못해요. 정말 내가 왜 여기 이러고 있는지 모르겠군요. 오늘 아침 당신 비서에게 내 예약시간이 몇 시냐고 물었더니 그 멍청한 여자가 시간을 잘못 알려준 거예요. 그래서 난 한 시간 동안 이 지겨운 대기실에 있어야만 했었다구요.

T: (감정을 자제하고 차분하게) 내가 당신을 이해하지 못했기 때문에 저와 제 비서에게 화가 났군요. 화가 난 다른 또 무언가가 있나요?

P: 예, 있어요. 당신은 대기실이 얼마나 지겨운지 몰라요. 햇빛도 없고 오래된 잡지뿐이고 사람들은 형편없어요. 그들은 귀찮은지 인사도 안 해요.

T: (차분히) 대기실에서 한 시간 동안 기다려야만 했기 때문에 저한테 화가 난 거군요. 그리고 대기실 사람도 맘에 안 들고……화가 난 다른 또 무언가가 있나요?

P: 오늘 아침 애들과 말다툼을 했어요. 애들이 침대에서 나오려 하질 않잖아요. 그래서 또 학교에 늦었어요. 내가 결국 욕을 하고나서야 학교에 갔구요.

(그녀의 화가 사라질 때까지 계속한다. 치료자는 환자가 왜 화가 나는지에 대한 정보를 계속 모으고 공감적인 어조로 말을 한다.)

T: 당신이 화난 걸 이해할 수 있어요. 제가 비서의 업무리스트에 우리의 약속을 적어놓지 않은 건 바보 같은 짓이었어요. 어린 노라가 버림받은 것 같은 느낌을 받은 것을 이해할 수 있어요. 어린 노라가 지금 저를 불신하는 것을 충분히 이해합니다.

P: 나는 **당신까지도** 나를 성가신 존재라고 여긴다고까지 생각했어요. 당신이 휴가를 떠나기 전에 저와의 상담을 끝내려고 할 것 같다는 생각도 들구요....

(치료자는 다가 올 자신의 휴가에 관한 환자의 감정에 대해 충분히 이야기하게 한다. 그런 다음 지각한 아이들에게 욕을 한 그녀의 적절하지 못한 방식에 대하여 논의한다. 예를 들어 역할극을 통하여 치료자는 그녀에게 이 같은 상황에서 화를 어떻게 적절히 표현할지를 가르친다.)

환자들은 분노감정을 쉽게 드러내지 못한다. 환자들은 자제력을 잃는 것과 통제되지 않은 분노의 결과에 대하여 두려워하기 때문에 이러한 감정회피를 정당화한다. 치료자는 이렇게 화를 저장하게 되면 적절치 못한 순간이나 엉뚱한 사람에게 예기치 못하게 통제할 수 없는 화가 폭발하게 된다고 설명한다. 그리고 화가 난 바로 그 사람에게 어떻게 분노를 표현하는지를 베게로 때리고 발을 구르는 것 같은 동작으로 환자에게 시범보일 수 있다. 그런 후 치료자는 환자에게 함께 하자고 요청한다. 만약 환자가 분노를 느낄 때 신체느낌을 느낀다면 이런 느낌에 집중하게 하는 것이 도움이 된다. 화를 참을 때 일반적인 증상인 위통, 두통, 근육의 긴장들뿐만 아니라 개인별로 각기 다양한 신체느낌을 경험한다. 어떤 환자들은 심지어 화났을 때 주먹으로 치고 나서도 자신이 한 행동과 고통을 깨닫지 못하기도 한다. 치료자는 환자의 몸이나 고통스런 부분에 모든 주의를 집중하라고 요청할 수 있다. 그런 다음 환자와 함께 이러한 느낌들의 의미가 무엇인지 조사해본다. 만약 환자가 느낌들을 알아차린다면 이것을 최대한 표현할 뿐만 아니라 더 잘 다룰 수 있는 방법에 대해서도 논의할 수 있다. 치료자는 환자가 분노나 짜증을 부드럽게 표현하는 연습을 치료 및 일상에서 훈련하도록 제안한다. 이것은 환자가 감정을 안으로 쌓아두지 않도록 하는 데 도움이 될 것이다. 이렇게 함으로써 환자는 '표현하는' 반응이 자신이 생각했던 것보다 나쁘지 않다는 것도 경험한다. 더욱 중요한 것은 환자가 적절한 시기에 분노를 표현함으로써 통제되지 않는 분노폭발이 현저히 줄어드는 것을 깨닫는 것이다. 또 다른 방법은 즉각적으로 반응하지 않고 감정에 머물러 지켜보는 연습을 하는 것이다. 이렇게 함으로써 환자는 감정들이 적절한 때에 사라진다는 것을 깨달을 뿐만 아니라 강력한 감정을 경험하는 동안 통제를 유지하는 방법에 대해서도 배우게 된다.

다른 감정을 경험하고 표현하기

경계선 성격장애 환자들은 공포, 불안, 슬픔, 기쁨 같은 감정에 압도되거나 통제력을 잃을지도 모른다는 두려움을 가지고 있다. 앞에서 분노를 다루었던 것처럼 그 외 다른 감정들이 일어나는 것도 알아차리거나 신체느낌을 자각하기 위하여 집중할 수 있다. 예를 들면 의자 팔걸이를 꽉 붙잡는 것과 함께 나타나는 얕고 빠른 호흡은 환자가 불안과 슬픔을 억누르고 있다는 것을 암시한다. 치료 중에 이러한 감정들을 점차 허용함으로써 환자는 감정들이 조절될 수 있음을 발견할 것이다. 그리고 치료 밖 상황에서도 의식적으로 음악을 듣거나 감성적인 영화를 보는 것을 통해 도움을 받을 수 있다.

환자가 치료자를 제외한 타인에게 감정을 보여주는 데까지는 오랜 시간이 걸릴 것이다. 가끔 환자는 자신의 감정을 가까운 친구나 자녀들에게 표현하는 것을 시도할 수 있다. 환자 자신의 건강한 성인이 계발되고 난 후, 다른 건강한 성인과 함께 대인관계가 발전되는 것을 경험하기 시작한다면, 치료 상황이나 우호적 관계 같은 안전지대 밖에서도 이 같은 기법을 연습해도 좋다.

감정을 알아차리고 감정에 이름 붙이기 위하여 신체느낌에 집중하는 사례

노라는 자원봉사 일을 지원하고는 싶지만 그러지 못하고 있다. 치료자는 이것을 다루려고 한다. 노라는 다른 사람들이 자신을 원치 않을까봐 염려한다. 치료자는 그 생각이 그녀에게 어떤 느낌을 일으키는지 묻는다.

P: 어떻게 느끼는지 모르겠어요.

T: 몸에서 어떤 것이 느껴지나요?

P: 예, 위가 쓰려요

T: 그곳에 집중하세요.

P: 할 수 있을지 모르겠어요.

T: 손을 그곳에 대면 도움이 될 겁니다

P: (그렇게 하고) 더 안 좋은데...

T: 그냥 그대로 계세요. 통증에 조금씩 더 집중하고 그 통증의 의미가 무언지 생각하세요.

P: '내가 정말로 두려워하는 구나'라고 생각해요. 가끔 힘들 때마다 위통이 있어요. 그래요, 내가 거기서 일하게 되면 다른 사람들이 나를 이용할까봐 겁나요.

T: 위통은 당신이 두렵다는 신호인 것 같네요.

(환자는 고개를 끄덕인다)

T: 위통은 두렵거나 짜증나는 것이 무엇인지 발견하라고 몸이 당신에게 보내는 신호를 의미합니다.

편지쓰기

환자는 편지쓰기로 자신의 감정을 표현하는 법을 배울 수 있다. 이 기법은 종종 정신적 외상을 다룰 때 사용되지만 다양한 상황에서 감정표현을 익숙하게 하는데도 사용 될 수 있다. 환자는 자신에게 고통을 준 사람들에게 절망과 분노의 모든 감정을 표현하는 편지를 쓴다. 일반적으로 이 편지는 전달하지 않는다. 이 기법은 부정적인 감정을 제한하지 않으면서 긍정적인 감정 또한 표현하도록 도울 수 있다. 환자가 상담 중 이 편지를 소리 내어 읽게 되면 이러한 감정을 직면하는데 도움이 된다.

치료 중에 말 할 수 없었던 감정들에 대하여 치료자에게 편지(이메일)를 쓸 수 있다. 환자가 치료 중에 자신의 감정을 표현하지 못하는 이유는 아마도 방어자양식이 강력한 감정으로부터 환자를 지키는데 몰두하였거나, 처벌적인 부모양식이 어떠한 사실들을 비밀로 유지하도록 했을지도 모른다. 또 다른 가능성은 버림받은 아이가 부끄러워하는 것이다. 치료자는 환자가 왜 그러한 주제에 관해서 말할 수 없는지를 알기 위한 도구로 편지쓰기를 사용할 수 있다. 치료의 후반부에서 양식들을 포괄적으로 다루게 되면 환자는 자신의 감정들에 대하여 말할 수 있게 된다. 그때부터는 편지쓰기를 줄여도 된다.

이 장에서는 느낌에 중점을 둔 다양한 체험적 기법들이 소개되었다. 이 같은 기법들을 사용함으로써 환자는 감정표현을 점점 더 적절하게 표현할 수 있고 자신의 감정들을 다양하게 해석할 수 있다. 이러한 이유로 체험적 기법들은 심리도식치료에서 중요한 부분이다. 그리고 느낌을 다루는 기법들은 생각과 행동을 연결하는 중요한 통로역할을 한다. 그 결과 환자는 새롭게 얻은 통찰을 다양한 행동에 적용시킬 수 있다(표 3.1참조).

6장에서는 더 큰 전체의 관점에서 타인과 세상을 바라볼 수 있게 할 뿐만 아니라 환자 자신의 자아이미지를 높이는 인지적 기법을 소개하기로 한다.

6

인지적
기법

Cognitive Techniques

인지적 기법(cognitive techniques)은 환자가 현재와 과거사건에 대한 역기능적인 신념을 분석하고 변화시키는데 사용될 수 있다. 또한 치료관계에서도 이 기법을 사용할 수 있다(4장 '인지적 기법과 치료관계' 참조). 인지치료는 증상에 초점을 둔 치료이기 때문에 치료초기단계에 있는 경계선 성격장애 환자에게는 적절하지 않지만 환자가 사건, 감정, 생각과 연관된 양식을 찾는 단계에 이르게 되면 매우 도움이 된다(표 6.1 참조). 치료자는 현재의 상황과 과거의 사건과의 관계를 찾는다. 예를 들어 버림받은 아이양식을 가진 환자는 남자 친구가 자신을 영원히 떠날 것이라는 역기능적인 신념이 있기 때문에 단순히 남자 친구가 자신을 떠난다는 생각만으로도 공황상태에 빠질 수 있다. 이런 경우에 치료자는 현재의 상황과 과거의 사실, 엄마가 왜 떠났는지 알지 못한 채 엄마 없이 수 주일간을 보냈던 사실과의 관계를 설명할 수 있다. 이것은 어린아이가 이해할 수 없는 상황일 뿐만 아니라 자신의 존재를 위협할 만큼 너무나 무서운 상황이었기 때문에 환자는 어떤 사람이라도 자신을 '떠나려(실제로 떠나는 것이 아닌)'하는 순간을 맞이할 때마다 어린 시절의 그 기억과 연결된 예상치 못한 생각과 감정에 휘말리게 된다. 하지만 이런 생각과 감정이 어린 시절의 상황에서는 비록 적절했을지라도 현재의 어른 상황에서는 더 이상 적절하지 않다는 것이다. 화난 아이와 처벌적인 부모양식의 반응도 환자의 과거 경험에서 기인될 수 있다. 과거의 상황과 연결하는 설명은 왜 자신이 빈번하게 감당할 수 없는 감정과 자주 맞닥뜨리게 되는지를 이해하는 데 매우 유용할 수 있다.

체험적 기법을 사용한 후 인지적 차원에서 상황을 분석하는 것은 매우 도움이 된다(5장 '과거 상황 역할극' 참조). 일단 환자가 부정적인 감정에 압도되지 않고 역기능적 생각들을 다룰 수 있는 지점까지 진행되면 치료자는 인지적 기법을 사용하여 생각들의 미묘한 차이를 어떻게 인식하는지에 대하여 가르칠 수 있다. 치료초기에 이러한 기법을 너무 일찍 가르치게 되면 환자는 자신이 처벌받고 있다고 생각하거나 더 이상 치료가 필요 없는 것으로 여기는 결과를 초래할 수도 있다. 환자가 다양한 양식들에 대한 인지일지(표 6.1과 부록 B)의 항목들을 채울 수 있게 되었다고 확인되면 소크라테스식 대화법과 실험(7장 참조)을 통해 환자의 역기능적인 생각에 도전해보는 시도를 할 수 있다. 그러나 복잡한 논쟁은 경계선 성격장애 환자에게는 적합하지 않다. 논쟁에만 초점을 두면 표6.1에서의 정당한 행동과 과잉반응의 차이점은 말로만 끝날 수가 있다. 복잡한 논쟁보다는 치료자와 환자가 함께 이를 해결할 수 있는 도전들을 다루는 것이 낫다. 이를 위해 치료자는 인지치료에 관한 여러 논문에서 제공하는 다양한 인지일지를 사용할 수 있다.

| 표 6.1 | 양식에 대한 인지일지 (부록 B참조)

사 건   (무엇이 나의 반응을 촉발시켰는가?)

남자친구가 가게에 뭔가를 사러 갔는데 한 시간이나 늦게 집에 돌아왔다.

감 정   (나는 어떤 기분을 느꼈는가?)

화, 공황상태에 빠짐

생 각   (나는 어떤 생각을 하였나?)

그는 또 늦었어, 그는 나를 전혀 생각하지 않아, 그는 나를 사랑하지 않아

행 동   (나는 어떤 행동을 하였나?)

나는 그가 돌아오고 있는지를 알아보기 위하여 확인을 계속 하였고, 꺼진 핸드폰에 전화를 계속 걸었다.

자신에 대한 5가지 양식

이 상황에서 어떤 양식이 작용하였는가? 당신이 알아차린 양식에 밑줄을 긋고 설명하시오.

1. 방어자:

2. 버림받은/학대받은 아이: 그 사람이 나를 더 이상 사랑하지 않기 때문에 돌아오지 않을 것 같아 두려웠다.

3. 화난/충동적인 아이: 그는 내게 전화하는 것에 신경을 쓰지 않았고, 늦을 거라고 미리 이야기 하지 않아서 나는 점점 더 화가 났다. 심지어 그는 핸드폰 전원을 꺼버렸다. 그는 의도적으로 그렇게 행동을 했다.

4. 처벌적인 부모: 그가 나를 더 이상 사랑하지 않는 것은 옳아. 나는 다루기가 힘든 사람이야.

5. 건강한 성인

정당한 행동 (나의 반응의 어떤 부분이 정당했는가?)

그는 평소 결코 늦지 않는다. 그래서 내가 염려를 하는 것은 옳다.

과잉반응 (어떤 반응이 너무 과도했는가?)

어떤 방식으로 지나치게 행동했거나 상황을 잘못 판단했는가?

나는 그가 늦은 이유를 몰랐기 때문에 그가 나를 더 이상 사랑하지 않는다고 생각하는 것으로 과잉반응을 했다.

무엇이 상황을 악화시켰는가?

나의 버림받은 아이는 그에게 계속해서 전화를 걸었다.

나는 그와 연락이 되지 않아서 점점 더 공황상태에 빠져들었기 때문이다.

바랬던 반응

이 상황을 어떻게 다루기를 원합니까?

그가 보통은 제 시간에 오고 늦지 않기 때문에 늦는 데에는 그럴만한 이유가 있을 것이다. 그가 기다리고 있는 나를 생각하지 않는 것이 밝혀진다면 그때는 화를 낼 필요가 있다.

이 상황을 해결하기 위하여 나는 무엇을 할 수 있었을까?

마냥 기다리거나 걱정하는 것보다 다른 어떤 것을 하면서 주의를 딴 곳에 둘 수 있다. 만약에 그가 한 시간이 지나도 여전히 돌아오지 않는다면 경찰서 혹은 병원에 전화를 걸 수 있다.

느 낌

좀 덜한 화와 공포

다음은 환자의 사고과정을 지배할 수 있는 일반적인 인지왜곡들이다.

과잉일반화(Overgeneralization) − 어떤 것이 '한 번'이라도 일어났다면 앞으로도 계속하여 일어날 것이라고 생각하는 것이다. 예를 들어 환자가 실수를 하게 되면 앞으로 무슨 일을 하더라도 제대로 하지 못할 것이고, 따라서 자신이 실패자라고 생각하는 것이다.

감정적 추론(Emotional reasoning) − 자신이 어떻게 느끼는가에 따라 자신과 타인에 대해 근본적인 판단을 내린다. 예를 들어 환자는 치료 중에 불쾌감을 느꼈기 때문에 치료자를 믿을 수 없다고 결론 내린다.

개인화(Personalization) − 환자가 실패나 성공을 경험할 때 자신의 영향력이 한계가 있다는 사실에도 불구하고 필요이상 자신의 책임으로 돌리는 것이다. 심각한 질병에 걸려 친한 친구가 죽었을 때 친구의 사망을 자신의 잘못으로 생각하는 것을 예로 들 수 있다.

악운(Bad luck)은 존재하지 않음 − 환자가 우연한 사고 및 우연의 일치는 존재하지 않는다고 생각하는 것이다. 모든 것은 계획된 것이고 의도적으로 일어난다고 생각한다. 이런 방식으로 생각함으로써 실수는 거짓말이 되고, 뭔가를 잊는다는 것은 배신의 증거가 된다. 또한 누구라도 실수를 하거나 차질을 빚는 사람은 처벌을 받는 것이 마땅하고 이해할 가치도 없다(이해할 여지가 전혀 없다)고 생각한다. 예를 들어 제 시간에 출발했지만 타이어 펑크로 인해 면접에 늦었다면 이것조차 개인의 탓이라고 생각한다.

흑백논리로 생각하기 − 환자는 '전부거나 아무것도 아니거나(everything or nothing)' 라고 생각한다. 사람은 '좋다 아니면 나쁘다'로, 사건은 '진실 아니면 거짓'으로 그밖에 어떤 다른 설명도 존재하지 않는다. 실직한 사람은 가치 없다고 생각하는 환자를 예로 들 수 있다.

이처럼 생각하는 것은 처벌적인 부모양식 혹은 방어자양식의 행동을 자극한다. 이런 추론은 인지일지나 아래의 복합적 인지기법과 결합된 소크라테스식 대화법(Socratic Dialogue)을 통해 치료에서 반박될 수 있다.

경계선 성격장애 환자가 가지고 있는 가장 중요한 인지문제는 흑백논리로 생각하는 경향을 가지고 있다는 것이다. 이로 인해 미숙한 해결책이 나오거나 강한 감정폭발로 인한 심한 갈등도 초래될 수 있다.

인지적 기법은 생각하는 방식을 더 정교하게 계발하는 것을 돕게 되므로 흑백사고를 변화시키는데 대단히 도움이 된다.

좀 더 정교한 방식으로 생각하도록 훈련하는 중요한 기법들에는 연속선 (visual analogue scale)평가, 다차원 평가(multidimensional evaluation), 파이 차트(pie chart), 2차원 도표(two-dimensional reproductions of a supposed connection) 그리고 법정기법(court house method), 과거력 검사(historical testing) 등이 있다. 건강한 관점을 장려하고 건강한 도식을 강화하는 방식으로는 대처카드(flash card)와 긍정일지(positive logbook)작성 등이 있다. 여기서 거론된 모든 기법들은 앞으로 간단하게 설명할 것이다. 이런 기법의 상세한 설명은 Arntz와 Bogels(2000), Beck(1995), van Oppen과 Arntz(1994), Padesky(1994), Sprey(2002)와 같은 저자들의 저서에서 찾을 수 있다.

소크라테스식 대화법

치료자와 환자는 소크라테스식 대화법으로 어떤 반응이 정당하며 어떤 반응이 너무 과도한지를 찾아내어 환자의 신념을 논의할 수 있다. 환자와 치료자 사이의 소크라테스식 대화법은 어떤 사건에 대해서 한 가지 이상의 해석이 있을 수 있다는 것을 환자로 하여금 알게 해준다. 이런 대화중에 치료자는 흔히 개방형 질문(open question)을 사용하며, '누가', '무엇을', '언제', '어디서', '왜', '어떻게'라는 말로 시작한다. 치료자의 목표는 환자가 자신의 역기능적 사고에 대해 숙고하도록 하는 것이다.

질문은 다음과 같다.
- 어떻게 그것을 알았는가?
- 그 주장을 뒷받침할 만한 사실이 무엇인가?
- 그것의 효과는 어떠한가?
- 몇 번이나 일어났는가?
- 일반적인 상황에서 다른 사람들은 어떻게 생각하겠는가?
- 이런 일이 실제로 일어난다고 상상하면 어떤 점이 제일 나쁜가?
- 이런 일이 일어난다면 당신은 뭘 할 수 있겠는가?

성공적으로 소크라테스식 대화에 참여하기 위해서 환자는 건강한 성인양식을 충분하게 발달시켜야 하며, 바로 이 건강한 성인양식에 의해서만 소크라테스식 대화의 필수인 대안적 해석이 가능해진다. 경계선 성격장애 환자들이 치료초기에 소크라테스식 대화를 할 수 없는 주요한 이유 중의 하나가 바로 건강한 성인양식이 아직 발달되지 못했기 때문이다. 건강한 성인양식이 강해지면 치료자들은 환자에게 불편한 상황을 견뎌내고 대안적 해석을 시도하게 하는 인지일지를 숙제로 내준다(표 6-2참조). 표 6-2의 인지일지를 완성한 후에 환자는 이어서 표 6.3을 기록할 수 있다. 하지만 대안이 확실하다면 이것까지 필요하지는 않다.

| 표 6.2 | 양식에 대한 인지일지 (부록 B참조)

사 건 (무엇이 나의 반응을 촉발시켰는가?)

여자 친구는 자기를 한 시간 반 동안이나 기다리도록 한 것이 싫었다고 말했다.

감 정 (나는 어떤 기분을 느꼈는가?)

무서움.　　　　느낌의 강도 80

생 각 (나는 어떤 생각을 하였나?)

그녀는 나를 더 이상 좋아하지 않아, 이제 관계는 깨질 거야.　　　　신뢰도 90

행 동 (나는 어떤 행동을 하였나?)

나는 입을 다물었고, 아무런 말도 하지 않았다.

자신에 대한 5가지 양식

이 상황에서 어떤 양식이 작용하였는가? 당신이 알아차린 양식에 밑줄을 긋고 설명하시오.

1. <u>방어자</u>: 그녀를 잃는다는 생각을 조절할 수 없으며 끌려간다.

2. <u>버림받은/학대받은 아이</u>: 버림받음의 두려움.

3. <u>화난/충동적인 아이</u>:

4. <u>처벌적인 부모</u>: 전부 너 잘못이야.

5. <u>건강한 성인</u>:

생각에 대한 논쟁 (생각에 관해 비판적인 질문하기)

여자 친구가 나를 더 이상 좋아하지 않고 관계가 깨질 것이라는 것에 대한 증거는 무엇인가?

　그녀는 내가 자신을 기다리게 하는 것이 싫다고 말했다.

　엄마가 전화로 끝도 없이 불평을 늘어놓아서 어쩔 수가 없었다고 설명하여도 여자 친구는 믿지 않았다.

　여자 친구와 나는 다음에 만나자는 구체적인 약속을 하지 않았다.

여자 친구가 나를 좋아한다는 증거는 무엇인가?

　늦은 것에 대한 이야기가 끝난 후 그녀는 늘 그랬듯이 나에게 친절했다.

　작별 인사를 했을 때 그녀는 다음에 또 보자고 말했다.

이것에 관해 다른 사람은 뭐라고 말하는가?

나는 4년간 그녀를 알아왔기에 그 정도 가지고 과잉판단해서는 안 된다. 그리고 예전에 나에게 화를 냈을 때에도 우리의 관계는 깨지지 않았다.

대안적 생각

내가 그녀의 비난을 싫어하는 것은 합당하지만 이런 상황에서 최악의 것을 가정해서는 안 된다.

| 표 6.3 | 이어진 양식에 대한 인지일지 (부록 B참조)

정당한 행동 (나의 반응의 어떤 부분이 정당했는가?)

비난 받은 것은 기분 나빴으며 사과를 했던 것은 잘한 일이다.

과잉반응 (어떤 반응이 너무 과도했는가?)

어떤 방식으로 지나치게 행동했거나 상황을 잘못 판단했는가?

그녀가 나를 더 이상 좋아하지 않게 되어서 우리의 관계가 깨질 거라고 과도하게 생각했다.

무엇이 상황을 악화시키게 했는가?

방어자양식은 관계가 끊어질 거라고 확신했고, 그래서 나는 그런 일이 일어날까봐 밤새 노심초사했다.

바랐던 반응

이런 상황을 어떻게 다룰 수 있기를 원합니까?

내가 그녀의 비난을 싫어하는 것은 합당하지만 최악의 상황을 가정할 필요는 없다.

이 상황을 해결하기 위하여 나는 무엇을 할 수 있었을까?

내가 처리하기 힘든 문제를 가지고 있다는 것과 내가 정말로 두려워하는 것에 대하여 그녀에게 말한다면 우리는 함께 그것에 관해 이야기를 나눌 수 있을 것이다.

느 낌

안도감

연속선 평가

환자가 자신과 타인을 흑백논리로만 생각할 때 연속선 평가(visual analogue scale)는 서로 다른 미묘한 차이를 인식하는 법을 배우는 데 도움을 준다. 이 연속선은 한 극점(예, 멍청한)에서 시작하여 다른 극점(예, 영리한)까지 이어진다. 치료자는 화이트보드 혹은 노트에 선을 그어서 왼쪽에 '멍청한'(0), 오른쪽에 '영리한'(100)을 적는다. 만약 환자가 자신이 '멍청하다'라고 생각한다면, 치료자는 연속선의 어딘가에 자신을 위치시킬 것인지를 질문한다. 다른 말로 하면 그녀가 자신을 '멍청하다'라고 어느 정도로 믿는 지에 대한 질문이 된다. 일반적으로 환자는 0 혹은 0에 가깝게 점을 찍는다. 치료자는 환자가 알고 있는 다른 사람을 이 연속선 위 어디에 위치시킬 것인지를 질문한다. 그리고 치료자는 연속선에서 자신의 위치를 다시 정하라고 요구한다. 그런 다음 2개의 극단적인 예(예를 들어, 아주 영리한 사람 또는 멍청한 사람)를 찾도록 하고 극단적인 사람들 사이에 다양한 사람들을 위치시키도록 한다(그림 6.1 참조). 실습을 하면서 환자는 자신이 생각했던 것과는 달리 자신이 연속선의 양 극단에 속하지 않는다는 것을 발견한다. 최종적으로 노라는 높은 수준의 고등학교(네덜란드에서는 여러 수준의 고등학교가 있다)를 졸업하였기 때문에 자신을 중간에 위치시켰다.

```
          L          C          Nora        A          X
      0 ●───────────────────────────────────────────────── 100
      멍청한                                               영리한
```

L: 정신지체 사촌
C: 낮은 수준의 고등학교를 졸업한 친구
A: 대학에 재학 중인 친구
X: 노벨상 수상자

| 그림 6.1 | 연속선 평가의 사례

다차원 평가

환자가 자기이미지 혹은 타인이 바라보는 자신의 이미지를 한 차원에서만 바라본다면(예를 들어, 나는 친구가 없는 것으로 보아 좋은 사람이 아니야), 치료자는 환자와 함께 사람을 가치 있게 하는 다른 특징들에 대한 목록을 만들 수 있다. 또한 사람을 무가치하게 하는 특징에 대한 목록을 만들 수도 있다. 환자는 자신이 좋은 사람이 아니라고 '증명'되는 차원들에 이름을 붙인다(예를 들어; 친구가 없음, 사회성이 떨어짐, 대중 앞에서 말하기가 두려움). 치료자는 이런 차원들을 기록하는 동시에 환자가 '좋은' 범주에 관한 차원을 생각하도록 요청한다. 치료자는 환자가

다른 사람에 관하여 '좋다'라고 여기는 것이 무엇인지 물어 볼 수 있다. 그런 다음 어떤 특징이 사람을 '좋은(혹은 좋지 않은)'사람으로 만드는지 생각해 보도록 한다. 일단 충분한 특징들이 찾아지면 이것들을 한 극단이 0(특징들이 완전히 없을 때)이며 다른 한 극단은 100(특징들이 전부 있을 때)인 연속선에 위치시킨다(그림 6.2 참조). 여기에 환자가 알고 있는 다른 사람들을 위치시킨다(그림 6.3 참조). 이 방법의 마지막 부분은 이렇게 여러 연속선을 사용하여 환자가 자기 자신을 평가하도록 하는 것이다. 치료자는 연쇄살인범이나 전쟁범죄자처럼 환자가 개인적으로 알지 못하지만 대중에게 알려진 좋지 않은 사람을 제안하면서 환자가 선택한 사람들을 평가하는데 도움을 줄 수 있다. 이런 방법이 성공적으로 적용되면 환자는 처음 시작할 때 보다 자신에 대하여 훨씬 섬세하고 긍정적인 이미지를 갖게 된다(그림 6.4 참조).

1. 추상적 개념을 구체화하기

0/ --------- N -- /100
좋지 않은　　노라　　　　　　　　　　　　　　　　　　좋은

0/ -- /100
친구가 없음　　　　　　　　　　　　　　　　　　　　친구가 많음

0/ -- /100
타인과 어울리지 못함　　　　　　　　　　　　　　　타인과 잘 어울림

0/ -- /100
타인을 위하여 어떤 것도 하지 못함　　　　　　타인을 위하여 어떤 것이라도 잘함

0/ -- /100
타인과 함께 일하지 못함　　　　　　　　　　　　타인과 함께 일을 잘함

0/ -- /100
늘 기분 나쁜 상태임　　　　　　　　　　　　　　전혀 기분이 나쁘지 않음

| 그림 6.2 | 다양한 차원 떠올리기

2. 타인을 연속선에 위치시키기

0/ ----------- L --- A ---------- C ------------ /100
친구가 없음   친구가 많음

0/ ----------- L --- A ---------- C ------------ /100
타인과 어울리지 못함   타인과 잘 어울림

0/ --------------------------------- A ------------------------- L -------- C ---- /100
타인을 위하여 어떤 것도 하지 못함   타인을 위하여 어떤 것이라도 잘함

0/ ----- L --------------------------------- C --------------------------------- A ---- /100
타인과 함께 일하지 못함   타인과 함께 일을 잘함

0/ ----------- A ----------------------------- L --------- C ---- /100
늘 기분 나쁜 상태임   전혀 기분이 나쁘지 않음

| 그림 6.3 | 타인을 연속선에 위치시키기

3. 환자가 자신을 연속선에 위치시키기

0/ ----------- L ---- N --------------------------------- A ------------ C ----------- /100
친구가 없음   친구가 많음

0/ ----------- L --- A ------ N -- C ----------- /100
타인과 어울리지 못함   타인과 잘 어울림

0/ --------------------------------- A ------------------- N -- L -------- C ---- /100
타인을 위하여 어떤 것도 하지 못함   타인을 위하여 어떤 것이라도 잘함

0/ ----- L --------------------------------- C --- N ------------------------- A ---- /100
타인과 함께 일하지 못함   타인과 함께 일을 잘함

0/ ----------- A ----------------------------- L --------- N ----- C ---- /100
늘 기분 나쁜 상태임   전혀 기분이 나쁘지 않음

4. 평가의 결론 바꾸기

```
0/ -------------------------------- L --- A -------------- N ------------ C ------------- /100
좋은                                              노라                      좋지 않은
```

| 그림 6.4 | 자신을 연속선에 위치시키기

2차원 도표

　환자가 2가지 요인이 논리적으로 연관되어 있다고 생각할 때 우리는 이런 2가지 요인들 간에 실제적인 관계가 있는지를 알아볼 수 있다. 이런 경우에 2차원 도표가 가장 유용하다. 노라의 경우는 '직장에서의 성공이 행복을 가져다 준다'라는 역기능적인 사고가 치료받는 동안 반복적으로 주제화 되었다. 만약 '성공하면 할수록 더욱 행복하다'는 진술이 진실이라면 모든 사람들은 그림 6.5의 대각선 가까이에 위치하여야 한다.

　2차원적 공간에 많은 수의 사람들을 위치시켜볼 수록 전에 환자가 가정했던 연관성은 합당하지 않다는 것을 발견하게 된다. 노라는 행복이 직장에서의 성공보다 오히려 다른 요소들과 관련 있다는 것을 깨닫게 된다. 사실 대각선 위에 놓이게 된 사람은 바로 마약에 중독되어 있고 일을 하지 않는 노라의 오빠였다.

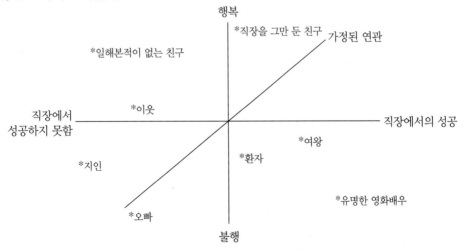

| 그림 6.5 | 행복과 직장에서의 성공 사이의 연관에 대한 2차원적 도표

파이 차트

    파이 차트(Pie Chart)는 어떤 사건이나 특징적 행위가 지닌 영향의 정도를 전체적인 시각으로 보는 데 도움이 된다.

    이 방법은 특히 여러 가지 잘못된 상황에서 한 개인의 행위가 미치는 영향력(혹은 실수)을 과대평가하는 경향이 있는 경계선 성격장애 환자들에게 도움이 된다. 먼저 환자들은 주어진 상황에 영향을 미치는 측면 또는 그 상황을 일으키는데 주요한 원인이 된 사람에 대해 생각해본다. 치료자는 환자에게 가능한 한 여러 가지 측면을 생각하도록 격려해야 한다. 그런 후 다양한 측면의 영향력을 우선순위와 백분율로 정하게 한다. 마지막으로 다양한 측면들의 파이 차트를 그린다. 물론 환자 자신 또한 그 항목에 포함시킬 수 있다. 환자는 처음에 자신의 몫이 100%라고 평가했던 것과는 달리 자신이 전적으로 비난 받을 필요가 없다는 것을 발견하게 되었다(그림 6.6 참조). 환자가 균형 잡힌 시각으로 보게 되면 처벌적인 부모관점이 약화되는 효과도 나타나게 된다.

1. 엄마는 알코올에 중독되어 있으며, 태만했다. (25%)
2. 오빠는 장(intestine)에 심각한 문제가 있다. (10%)
3. 아동보호 서비스가 너무 늦게 대응하였다. (15%)
4. 오빠는 알코올 중독치료를 몇 번이나 때려치웠다. (15%)
5. 그의 친구들이 너무 늦게 의사를 불렀다. (10%)
6. 마약상인이 너무 강한 마약을 팔았다. (10%)
7. 오빠는 여자 친구와 헤어지자, 더 이상 살고 싶어 하지 않았다. (10%)
8. 오빠는 병원에서 돈을 훔치다가 들켜서 쫓겨났다. (5%)

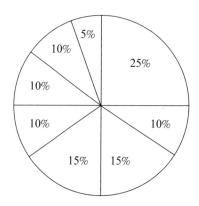

| 그림 6.6 | 노라가 16살 때 그녀의 오빠는 헤로인 과복용으로 죽었다. 그녀는 그런 일이 자신의 잘못이라고 확신했다. 그 당시, 그녀가 오빠와 동생들을 돌봐야 한다고 생각했기 때문이었다. 책임져야 했던 그 외 사람들과 또 다른 이유들을 정확하게 목록으로 만든 후에 그녀는 파이 차트를 만들었다.

법정기법

어떤 상황을 누군가의 '책임' 또는 '비난'으로 해석하는 방식을 변화시키는 기법 중에 법정기법(courthouse method)이 있다. 이것은 역할극 형식으로, 환자는 검사역할을 하고, 치료자는 검사에 맞서서 주장을 하는 변호사역할을 한다. 만약 이 방법이 잘 진행되면 역할을 바꿔서 환자가 변호사가 되고 치료자는 검사가 된다. 때로는 환자가 검사와 변호사의 주장을 들은 후에 평결을 하는 판사의 역할을 하는 것도 도움이 된다. 이 기법은 2개의 의자기법과 유사하지만(5장 참조) 법정기법은 역기능적 사고의 전환에 중점을 둔 반면에 2개의 의자기법은 양식의 전환에 중점을 둔다.

과거력 검사

환자의 심리도식은 초기 어린 시절에 발달된다. 이런 까닭에 자기이미지는 긴 기간 동안 왜곡되어왔다. 과거력 검사(historical testing)는 환자의 과거경험으로 인해 형성된 잘못된 이미지를 조정하는 방법이다. 흔히 경계선 성격장애 환자들은 자신이 나쁘고 상대하기 힘든 사람이며 과거에도 늘 이런 식이었다는 생각을 갖고 있다. 치료자는 왜곡된 환자의 자아이미지가 생겨난 시기를 찾기 위하여 환자의 과거 삶으로 돌아가 보는 실험을 시도해 볼 수 있다. 먼저 환자는 정상적인 아이들의 발달단계에 대한 정보를 수집한다. 그 다음 환자는 어릴 적부터 자신은 늘 잘못되었다는 주장을 반박하기 위하여 사진, 테이프, 비디오, 성적표, 아동보호시설의 보고서, 편지 등의 다양한 자료들을 가지고 분석한다(부록 D 참조). 여기서 환자의 생애 초기 몇 년을 다룰 때가 특히 중요하다. 많은 환자들은 자신이 태어나는 그 순간부터 나빴다고 생각한다. 실제적으로 아기사진을 봄으로써 치료자와 환자는 이 신념을 검토해 볼 수 있다. 당연히 사진속의 아이가 '나쁜' 아이라고 볼만한 점은 아무것도 없다. 같은 방식으로 학교성적표들도 교사의 평가에 특별히 중점을 두어 신중하게 조사한다. 또 할 수만 있다면, 가족, 이웃, 교사, 돌보는 사람에게 환자에 관한 것들을 물어본다. 대개 환자는 자신이 정말로 '나쁘다'는 증거에 직면할 거라고 확신하기 때문에 이 과정을 굉장히 힘들어한다. 그러나 환자가 '나쁘다'라는 결론이 나는 경우는 실제 상황에서는 결코 일어나지 않는다. 일반적으로 환자의 주위에 있는 다른 사람들은 환자의 가족에게 문제가 있음을 알지만 개입하기가 어렵다. 이들은 환자가 객관적인 자기이미지를 만드는 데 매우 도움이 된다. 환자는 한때 작은 아이였던 자신에 대하여 더 많이 이해하게 되며, 문제가 커지는 데에 강력한 역할을 했던 것은 자신의 부모와 어린 시절의 트라우마였다는 것을 분명하게 볼 수 있다. 이 과정을 통해 환자는 버림받은 아이양식에 더 많은 지지를 줄뿐 아니라 처벌적인 양식을 더 쉽게 떠나보낼 수 있게 된다.

대처카드 ▬▬▬▬▬▬▬▬▬▬

처벌적인 부모양식은 환자가 살아가는데 있어서 불쾌한 일에 부딪칠 때마다 쉽게 표면화된다. 대처카드(flashcard)는 기억하는 것을 도와주는 수단이며 불쾌한 상황을 다루는데 도움을 줄 수 있다. 환자는 대처카드의 한쪽에 처벌적인 부모의 관점을 적는다.

"나는 죄책감을 느낀다. 그러므로 모든 것이 잘못된 것은 나 때문이다. 이것은 처벌적인 부모가 말하는 것이다."

대처카드의 다른 한쪽에, 그녀는 새롭고, 더 정교하고, 균형 잡혀 있고, 미묘한 차이가 있는 관점을 적는다.

"나는 죄책감을 느낀다, 그렇지만 내가 죄인인 것은 아니다. 그것이 잘못된 데에는 다른 이유가 있을 수 있기에 내 잘못이라고 볼 수만은 없다. 이것은 단지 운이 나빠서이거나 다른 사람이 관련되어 있을 수도 있다. 일단 마음을 가라앉힌 다음 내가 실제로 잘못했는지 아닌지를 명확히 검토할 필요가 있다. 처벌적인 부모는 과장하여 말하고 있으며, 나는 지금 당장은 이런 입장이 필요하지 않다."

긍정일지

새롭게 형성된 심리도식을 강화하는 또 다른 방법은 긍정일지(positive logbook)이다. 성격장애가 있는 사람들은 매우 선택적으로 기억을 하며 역기능적인 심리도식을 강화하는 경험만을 기억하는 경향이 있다. 이런 이유로 환자들은 장기간 일지를 사용하여 오래된 심리도식을 반박하고 새로운 도식을 지지하는 경험이나 사실들을 기록해야 한다(부록 C참조). 처음에는 환자가 긍정적인 것을 생각하기가 어려울 수 있기 때문에 상당한 지지가 필요하다. 그들은 '맛있는 요리하기' 혹은 '한 시간 동안 운동하기' 등과 같이 작고 일상적인 상황이 긍정적인 자아이미지를 만드는데 도움이 된다는 사실에도 불구하고 이것들을 일지 안에 포함시킬 생각을 하지 못한다. 대부분의 환자들은 새 직업을 얻거나 일주일 내내 아픈 사람을 돌봐주는 것 같은 특별한 일만 긍정적 경험으로 일지에 쓸 수 있는 것이라고 생각한다. 그래서 입사지원서 작성이나 아픈 사람을 위해 쇼핑하기 같은 것은 긍정일지에는 맞지 않는다고 생각한다. 또한 환자들은 긍정적 행동을 하더라도 우연이건 다른 사람의 영향이건 간에 그 결과가 기대하지 않은 상황을 낳았다면 이것을 일지에 포함시키지 않으려는 경향이 있다. 예를 들어 남자친구가 지난번에 바람맞힌 것에 대하여 매우 적절한 태도로 불만을 말했으나 그 때 남자친구는 거친 태도로 반응하여 그녀가 매우 당황했던 적이 있었다. 그녀는 이런 상황을 긍정일지에 적을 수 없다고 여겼다. 이때 치료자는 그 상황에서 그녀가 평상시에는 말하지 않았던 것을 과감히 말했다는 것이 바로 긍정적인 행동이었으며 긍정일지에 적어야 한다고 설명할 수 있다. 환자가 지속적으로 긍정일지를 기록한다면 치료자는 회기 때마다 일지에 관하여 관심을 가져야 한다. 만약 치료자가 별 관심을 기울이지 않으면 긍정일지에 대한 환자의 흥미도 사라질 것이다.

인지적, 체험적 기법은 모두 심리도식치료에서 변화를 일으키는 강력한 수단이다. 이 책에서는 인지적 기법에 관한 부분이 상대적으로 간략히 소개되어있지만 그렇다고 인지적 작업의 중요성을 평가절하 하는 것은 결코 아니다. 인지적 기법의 공식적인 훈련경험이 없는 치료자들은 심리도식을 사용하는 데 중요한 기술을 놓칠 수 있다. 건강하고 새로운 심리도식을 형성하는 것도 중요하지만 개념을 구체화하고 심리도식의 논쟁들을 언어화하는 것과 같은 기법들도 중요하다. 여기서 핵심은 치료자가 이런 기법들을 환자에게 잘 전달할 수 있어야 한다는 것이다. 환자가 자신의 생각을 개선하고 미래의 상황에 더 잘 대처할 수 있게 하기 위하여 이런 기법은 반드시 필요하다.

건강한 생각이 건강한 행동패턴으로 어떻게 바뀔 수 있는가는 7장과 10장 '행동패턴 바꾸기' 단락에서 다룬다.

행동적 기법

Behavioural Techniques

환자가 새로운 심리도식을 발달시키게 되었다고 해서 행동이 쉽게 변하는 것은 아니다. 다르게 생각하고 다른 감정을 갖는다고 해서 자동적으로 행동하던 것이 바뀐다고 볼 수는 없다. 새로운 행동을 배우기 위해서는 새로운 기술들을 학습해야만 한다. 행동적 기법은 환자가 새로운 통찰을 얻었지만 새로운 행동으로 바꾸는데 어려움을 느낄 때 사용할 수 있다. 치료관계에서 사용되는 행동적 기법들은 4장에서 간략하게 논의하였다.

여기서는 기타 행동적 기법의 사용을 위하여 짧게 요약하기로 한다. 행동적 기법에 대한 더욱 상세한 설명은 행동치료 전문가과정 또는 행동치료논문에서 찾아 볼 수 있다. 그러나 행동적 기법들은 환자가 건강한 성인양식을 사용하는 것이 가능할 때 유용하다는 것을 염두에 두어야한다. 건강한 양식이 충분히 발달되어져야만 환자는 자신의 진정한 견해나 욕구를 알아차릴 수 있다. 너무 일찍 행동적 기법들을 훈련시키려고 시도하게 되면 처벌적인 부모양식이나 방어자양식이 끊임없이 방해하여 치료가 좌절될 수도 있다(예, "나는 이것 또한 할 수 없어"). 치료자는 환자에게 새롭게 배운 행동들을 상담실에서 뿐만 아니라 일상에서도 똑같이 할 수 있도록 용기를 북돋아주어야 한다(10장, 행동패턴 변화시키기 참조).

실험

실험은 환자가 새롭게 획득한 자신의 통찰을 실제로 적용해 볼 수 있는 방법으로서 인지치료의 한 과정이다(부록 E 참조).

어떤 역기능적인 신념이 올바르지 않다는 결론을 내리게 되었다 하여도 환자는 나중에 다시 그것을 의심하게 될 수도 있다. 실험기법이란 새로운 심리도식은 강화시키는 반면 오래된 심리도식은 약화시키는 방법 중 하나이다. 치료자와 환자는 새로운 심리도식과 오래된 심리도식 중에 어느 것이 더 올바른 심리도식인지를 환자가 구별해내기 위하여 어떻게 해야 할지를 의논한다. 만약 환자가 방어자양식으로 상황을 대처하는 경향이 있다면 과거에 자주 겪었던 거절당할 수 있다는 두려움 때문에 자신의 욕구를 돌보지 않는 것이다. 이때 실험은 환자가 더 자주 자신의 욕구를 표현하는 것을 배우는 것에 중점을 둘 수 있다. 환자가 욕구를 표현할 수 있는 다양하고도 구체적 상황을 치료자와 환자가 함께 상의해서 준비한다. 일단 환자가 실험을 마치게 되면 함께 평가한다.

환자는 과거에 건강한 경험을 별로 하지 못했으므로 실험을 시작하기 전에 건강한 행동들을 훈련받도록 하는 것이 필요하다.

기술훈련과 역할극

전에 언급했듯이 경계선 성격장애 환자는 대부분의 사람들이 당연시하는 사회적 기술이 많이 부족하거나 사회적 기술을 알고 있지만 사용하지는 않는다. 이것은 그들이 분노를 표현하거나 애정을 구하려고 하는 방식에 매우 강력한 영향을 준다. 환자가 새로운 상황을 직면하기 전에 그런 상황에서 어떤 행동이 받아들여질 수 있고, 어떻게 대처해야 하는지 설명해주는 것이 필요하다. 경계선 성격장애 환자들은 대개 자라면서 타인들을 통해 다양한 사회적 상황에 어떻게 대처하는지를 배워왔다. 이것은 불완전하거나 또는 완전히 부절적한 방식으로 사회적 기술을 활용하게 하는 결과에 이르게 한다.

사회적 기술훈련(social skill training)과 역할극(role play)은 새로운 상황을 준비하고 학습시키는 방법으로 사용될 수 있다. 이런 훈련을 통해 새롭고 더 좋은 관계를 발전시킬 수 있는 기회가 상당히 증가되어, 환자는 관계를 지속시키기 위하여 어떻게 행동할 것인지를 새롭게 배운다. 자신의 감정을 표현하고 자신의 욕구를 회피하지 않도록 하는 것이 이 훈련의 가장 중요한 핵심이다.

문제해결하기

문제해결(problem solving)은 경계선 성격장애 환자를 다루는데 있어서 특별히 주목할 만한 것이다. 환자들은 문제해결에 관한 생각을 할 때 충동적으로 되거나 의존적이 되는 것 사이를 자주 왔다갔다하는 경향이 있다. 환자들은 문제해결과정에서 '생각 중지(thinking break)'를 실행해 덜 충동적으로 되도록 배울 수 있다. 이렇게 함으로써 환자들은 생각을 더 작은 부분으로 나누어 문제를 해결하는 법을 배우며 문제의 세분화된 분야에 대한 다른 해결 가능한 방안을 고안하고 각각의 해결책에 대한 찬반양론도 적어보게 된다. 치료자는 환자에게 가능한 여러 개의 해결책을 생각해보도록 격려해야 하며, 환자가 처벌적인 부모양식이나 방어자양식에 의해 영향 받을 수 있기 때문에 어떠한 가능성도 무시하지 않고 수용해주어야 한다. 환자는 가장 적절한 해결책을 시행한 후 그 다음에 함께 평가한다(부록 G참조).

위험한 행동에 관한 토의하기

위험한 행동에 관한 논의(discussing dangerous behaviour)는 경계선 성격장애 치료에서 되풀이 되는 주제이다. 치료초기에는 자살시도, 자해(8장 '자살과 자해' 참조)와 물질남용 등이 다루어진다. 환자가 파괴적인 관계에 관여되어 본래의 역기능적인 심리도식으로 되돌아가는 것과 같은 화제들도 이어서 논의될 수 있다. 환자에게 손상적인 행동을 멈추도록 권유하고 불안과 초조 그리고 분노의 감정에 대하여 대응 가능한 대안도 나눈다. 예를 들면 스트레스를 받았을 때 술을 마시는 대신 따뜻한 목욕이나 우유 한 잔을 마시는 것 같은 대안을 시도해 보도록 환자를 격려하는 것이다. 덧붙여서 이런 행동들과 그 행동에 영향을 주는 다른 양식들 사이의 관련성에 대하여 정기적으로 토의를 하는 것은 매우 중요하다. 이런 토의 후에는 적절한 기법들이 적용 되어야 한다. 치료자는 환자의 신속한 행동변화를 기대해서는 안 되고 환자가 불쾌한 상황에 직면했을 때 본래의 행동으로 되돌아가더라도 놀라지 않아야 한다.

새로운 행동에 관한 토의하기

위험하고 손상적인 행동에 관한 토의는 결국 환자가 무엇을 하지 않아야 하는지에 관한 토의로 항상 새로운 행동(new behaviour)이 함께 이야기 되어져야 한다. 새로운 행동은 역기능적인 행동에 대한 긍정적인 대안이면서 환자가 실천 가능한 것이어야 한다. 환자가 도움을 받기 위하여 의지해야 할 사람이 누구인지, 어떻게 도움을 요청해야 하는지에 대한 대안이 없다면 아무 소용이 없다. 이는 환자의 남자친구가 매우 노골적으로 환자를 학대한다고 해서 무작정 그를 떠나라고 조언하는 것과 같다. 환자는 다른 사람을 제대로 평가하는 것에 어려움을 가지고 있음과 동시에 자신의 역기능적인 신념으로 잘못된 사람들을 선택하는 경향을 가지고 있다. 일단 환자가 건강한 성인양식을 튼튼하게 발전시킨 다음에야 타인을 판단하는 능력은 개선될 것이다.

치료의 후반부는 환자가 공부나 취업 그리고 적절한 취미를 발견하도록 돕는 것에 맞추어진다. 새로운 친구를 사귀고 친밀한 관계를 성장시키거나 또는 치료관계에 관한 기법들이 이 과정에 속하게 된다. 아이 때 버림받은 경험이 있어서 다른 사람을 불신하는 환자에게 새로운 관계나 친밀한 관계를 만든다는 것은 특히 어려운 일이다. 환자는 자신 내면의 버림받거나 학대받은 아이를 점차적으로 더욱 더 많이 노출하도록 연습해야만 한다. 환자가 자신의 욕구를 표현하거나 친구에게 애정을 나타내는 것을 배우는 데에는 치료자의 지지가 필요하다. 포용과 같은 신체적인 애정표현은 경계선 성격장애 환자에게 종종 특별한 위협으로 여겨질 수도 있다. 왜냐하면 이러한 신체적 애정표현이 폭력, 성 또는 학대로 연결된 과거가 있기 때문이다. 이런 이유로 치료자와 환자는 행동바꾸기 기법을 진행하는 동안 어떤 사람을 신뢰할 수 있는지 조심스럽게 탐색해야 한다. 환자에게 심리교육과 조언을 하는 것은 다른 치료형태보다 훨씬 자유롭다. 치료자는 재양육의 관점에서 환자에게 최상의 것을 고려한다. 치료자는 환자의 생활 전반에 걸쳐 더욱 더 많은 자율성을 점진적으로 허용하면서 부모가 십대자녀를 대하는 것과 같은 방식으로 점점 더 많은 책임을 준다. 환자가 강한 사회적 네트워크를 확립하고 자신에게 유익한 활동을 매일 할 수 있게 될 때 치료는 완성된 것으로 간주된다.

현재의 삶에 기반을 두게 하는 행동적인 기법을 적용하지 않은 채 인지적이고 체험적인 기법만 쓰이고 있는 경우가 종종 있다. 많은 치료에서 나타나는 심각한 결점은 통찰은 일어났지만 실제적으로 이것이 적용되지는 못한다는 것이다. 이러한 이유로 행동적 기법은 인지적, 체험적 이론이 실질적으로 적용되게 하는데 필수적이다.

다음 장에서는 특정한 상황에 적합한 여러 기법과 기술들에 대하여 집중적으로 다루고자 한다.

8

특정 기법과 기술

Specific Methods and Techniques

과제

경계선 성격장애 환자들은 행동치료의 일반적 방법인 과제를 해오지 않는 편이다. 이는 대개 마음이 내키지 않아서라기보다는 그럴 능력이 없기 때문이다. 이 때문에 과제를 하라고 요구하기보다는 권하는 편이 낫고 환자가 잘하지 못했을 때에도 받아들인다. 어떤 양식이 환자에게 과제를 하지 못하게 영향을 끼치는지 살펴보는 것도 흥미로운 일이다. 치료자는 무엇이 환자가 과제에 몰입하게 해줄 수 있고 또는 무엇이 그것을 방해하는지에 대하여 보고하게 할 수 있다(부록 F참조). 상담을 진행하는 동안 환자에게 과제에 대하여 정기적으로 물어보는 것이 중요하므로 환자가 이 주제를 꺼내지 않더라도 치료자는 과제에 대한 질문을 반드시 한다. 과제의 내용은 치료동안 일어났던 일과 항상 연결되어 있어야 한다. 다음의 내용들은 과제와 관련될 수 있는 것들이다.

녹음내용 듣기 — 치료의 초기단계부터 치료자는 환자에게 항상 녹음을 듣도록 요청한다. 이론상으로는 이것이 매우 단순한 과제로 보일지 몰라도, 이것을 실제 실행하는 것은 간단하지 않다. 환자는 자신이 틀린말을 할까봐 불안해 할 수도 있는데 이는 처벌적인 양식이 활성화되는 결과를 낳을 수도 있기 때문이다. 이 때문에 환자는 과제를 가능한한 피하기도 하며 평소 집에 혼자 있으면서 강한 감정이나 불쾌한 감정들이 얽혀 있는 동안에는 녹음을 들을 엄두를 내지 못한다. 집에 있을 때나 치료자의 지지가 없을 때 방어자양식은 감정이 폭발할 수도 있다는 두려움을 유발시켜 과제를 못하게 하기도 하며, 환자는 처벌적인 양식이 활성화 될까봐 두려워서 과제를 피하기도 한다. 그러나 녹음을 듣는 것은 치료의 강화효과를 가져온다. 치료동안 일어난 모든 것을 기억하기는 불가능하다. 그러므로 녹음을 다시 들음으로써 환자는 더 많은 정보를 되찾을 수 있다. 게다가 환자는 종종 녹음된 내용을 다시 들을 때 치료의 의미를 발견하기도 한다. 이 의미는 치료 동안에 일어난 환자의 원래 생각과는 완전히 반대일 경우가 많다(3장 참조). 이런 모든 이유들 때문에 치료자는 환자가 녹음된 내용을 듣고 있는지 아닌지, 정기적으로 물어보는 것이 대단히 중요하다. 경우에 따라서 치료자는 특정 감정을 다룬 후에 녹음을 듣도록 요구할 수 있다.

특별 테이프 만들기 — 치료자는 특정 주제에 대한 특별테이프 만들기를 할 수도 있다. 테이프의 일반적인 내용으로는 버림받은 아이를 지지하는 내용이나 처벌적인 부모를 반박하는 것 등이 포함 될 수 있다. 환자는 필요할 때에 이 테이프를 들을 수 있다.

대처카드 읽기 — 적절한 상황에서 대처카드를 읽는다(6장 참조).

편지쓰기 — 과거의 사람들에게 편지를 쓴다(6장 참조).

양식에 대한 인지일지 작성하기 (6장 '소크라테스의 대화'와 부록B 참조)

긍정일지 지속적으로 쓰기 — 가능하다면 환자에게 이것을 큰 소리로 읽도록 요청한다(6장과 부록C 참조).

친구들과 만나기 – 다른 사람들로부터 보살핌 받기(7장 참조).

이완과 명상훈련 — 치료자가 환자에게 이완훈련을 하도록 조언하는 주된 이유는 이 훈련들이 과도한 감정에 대항하기 위한 대안이 될 수 있기 때문이다. 이것들은 또한 방어자양식의 필요성을 대체하는 효과도 있다. 이런 목표를 달성하는 데 도움을 주는 이완과 명상훈련의 종류는 다양하다. 치료자는 환자가 이러한 기술들을 건강한 성인의 전략을 통해 감정을 수용하는지 아니면 방어자양식의 전략으로서 감정을 회피하는지를 점검해야 한다.

환자가 즐겨 하거나 잘하는 것 하기 — 환자가 잘하거나 혹은 즐기는 활동에 참여함으로써 성공과 희망적인 만족을 경험하게 된다. 이러한 경험들은 환자가 자신의 처벌적인 측면과 싸우는 데 도움이 되며 또 자신의 욕구를 발견하고 자신을 돌볼 줄 알게 해준다. 달리 말하면 건강한 어른으로서 자신을 돌보는 것을 배우게 된다는 것이다.

안심시켜주기 — 환자는 자기 자신을 안심시켜주는 것을 배워야 하는데 필요하다면 매개물을 사용할 수 있다. 이 매개물은 스스로 구입한 것이거나(동물인형) 또는 치료자가 환자에게 주는 작은 물건(열쇠고리나 환자가 적은 긍정카드)이 될 수 있다.

분노 표현 — 작은 주제들에 대하여 화를 표현한다(5장의 '화' 참조).

두 개의 의자기법 — 환자는 집에서 이 기법을 해볼 수 있다(5장 참조).

심상 다시쓰기 — 심상 다시쓰기는 집에서 해 볼 수 있다. 이것은 일단 환자의 건강한 성인양식이 버림받은 아이를 지원하고 안심시켜줄 수 있는 지점에 도달했을 때 권해볼 수 있으므로 치료과정에서 몇 번 정도 성공한 다음에야 집에서 해보도록 제안해볼 수 있다(환자가 치료 중에 했던 심상 다시쓰기의 오디오 테이프의 도움을 받는다면 초기 단계에도 연습해볼 수 있다).

새로운 행동시도하기 – 예를 들면 새로운 직업구하기, 새로운 공부하기 또는 새로운 사교적 활동 같은 것을 시도한다(7장 참조).

약물치료법

　　경계선 성격장애를 치료해줄 약이 정해져 있는 것은 아니지만 경계선 성격장애 환자들에게
공통적으로 처방되는 약물들이 몇 가지 있다. 여기서 일반적으로 사용되는 몇 가지 약물에 대하
여 다루고자 한다. 환자 중에는 약물중독이나 남용과 같은 문제를 가지고 있는 경우가 종종 있으
며 처방된 약과 함께 알코올이나 진통제 등을 함께 복용해서 자살을 시도하는 경우도 있다.

　　항우울제(antidepressive medication)는 심각한 우울증 증상을 치료하는 데는 유용하지만 항
우울제가 경계선 성격장애에 도움이 된다는 확실한 증거는 없다. 심지어 경계선 성격장애 환자
들이 가지고 있는 정서적인 또는 충동적인 문제에 도움이 된다는 확실한 증거도 없는 실정이다
(Stoffers, 2008).

　　SSRIs(세로토닌 재흡수 억제제)는 엄격하게 테스트 되었다 하더라도 경계선 성격장애의 심
리치료를 방해할 수 있다(Giesen-Bloo, 2006; Simpson, 2004). 불안감소를 위하여 약물이 처방
되어야 한다면 벤조디아제핀(benzodiazepine) 보다는 신경이완제(neuroleptic)를 추천한다. 벤
조디아제핀은 감정들을 약화시키거나 마비시키기 위하여 처방되었는데 위기상황 동안 사실상 감
정을 더 고조시켰다. 특히 벤조디아제핀이 알코올과 함께 사용될 때 행동과 감정을 억제하지 못
하는 위험은 오히려 증가할 수 있는데, 이것은 종종 자해나 자살을 시도하게 만드는 결과도 낳는
다. 이런 종류의 약물복용의 위험성과 끝내야 하는 다른 이유는 반드시 환자와 논의되어야 한다.
이것은 주치의 및 정신과의사와 긴밀히 연계하여 행해지는 것이 좋다. 대개는 약물을 최소한으
로만 사용하고 단기간동안 사용할 것을 권장한다. 환자의 감정이 마비되어 있을 때는 지지와 이
해를 받기 위하여 마음을 여는 것뿐만 아니라 자신의 감정을 다루는 것도 제대로 하지 못한다. 심
리도식치료의 핵심은 체험적 기법에 의해 변화를 이끌어 내는 것이다. 향정신성의약품은 감정적
삶을 억제하기 때문에 보다 깊은 성격적 변화를 가져오는데 결코 도움이 되지 않는다. 실제 실험
데이터에 의하면 약물을 복용하는 환자들이 약물을 복용하지 않는 환자들보다 치료효과가 더 적
은 것으로 나타났다(Giesen-Bloo, 2005; Simpson, 2004).

위기

치료초기단계에서 경계선 성격장애 환자들은 마음상태가 과도하게 뒤흔들릴 수 있기 때문에 가끔 위기상황을 경험할 수 있다. 대부분의 위기는 환자들이 상황을 실제보다 더 나쁘게 몰아가면서 야기된다. 환자가 의식하지 못한 상태에서 역기능적 심리도식이 활성화되어 결국엔 역기능적인 양식이 발동되는 것이다. 이것은 감정폭발에 대한 두려움과 자신의 욕구와 감정에 대한 처벌적인 태도로 인해 더욱 악화된다.

치료자는 환자가 가능한 한 빨리 이런 위기들로부터 벗어나도록 도와주어야 한다. 위기는 치료관계를 강화시키는데 특히 중요하며 양식을 바꾸기에 결정적인 순간이다. 평상시 치료동안 방어자양식에 의해 억눌려왔던 감정이 위기상황에는 표출된다. 위기상황에서 치료자가 버림받은 아이를 만난다면 치료자는 환자를 편안하게 해주고 안심시켜줄 수 있다. 화난 아이가 전면에 있다면 치료자는 환자에게 분노표출의 기회를 줄 수 있다. 감정을 표현하도록 북돋아 주어야 한다. 그러나 이때 문제해결에 대한 실제적인 방법을 찾는 것은 바람직하지 않다. 대신 치료자는 자신이 환자의 과도한 감정을 다룰 수 있다는 것을 보여주고 환자를 지지하고 편안하게 해주는 것이 매우 중요하다.

위기를 다룬 사례

노라는 공황상태에서 치료자를 불렀다. 그녀가 집세를 내지 않아서 쫓겨나게 되었기 때문이다. 그러나 이런 일의 책임에는 어느 정도 그녀의 룸메이트들에게도 있다.

T: 집주인이 당신을 쫓아낸다고 위협하고 있어서 충격 받았다는 것을 이해합니다. 또 그가 갑자기 당신의 아파트로 들어와서 화가 날거예요. 그건 충분히 이치에 맞고 아주 잘 이해할 수 있습니다. 이 부분 외에 더 말하고 싶은 것이 있나요?

노라는 좀 더 상세하게 말했다. 치료자는 이야기 중간 중간에 그녀에 대한 공감과 지지를 표현해 주었다. 일단 그녀가 진정하자 그는 양식과의 연결을 시도했다.

T: 이야기를 다 듣고 나니 당신이 왜 그렇게 버림받았다고 느끼는지 이해가 됩니다. 처벌적인 양식은 이번 일이 전적으로 당신 잘못이라고 우기고 있는데, 그건 완전히 잘못된 것이에요. 당신에게 필요한 것은 지지입니다. 어렸을 때는 당신에게 뭔가 나쁜 일이 생기면

한 소리를 들었겠지만 여기서는 그런 일이 없을 거예요.

P: 하지만 내일 저는 길거리로 쫓겨날 텐데 아무데도 갈 곳이 없어요.

치료자는 이 문제에 대한 실제적인 해결방법을 찾으려하는 자신의 일시적인 감정을 억누르고 그녀를 계속 지지한다.

T: 당신이 내일 어디로 가야 할지 모른다는 것 때문에 몹시 흥분되어 있다는 것을 이해합니다. 집주인이 왔을 때 룸메이트들은 뭐라고 하던가요?

P: 그들은 집주인에게 꺼지라고 하면서 한 달 내로 집세를 내겠다고 했어요.

T: 당신 혼자 이 일을 감당하지 않아도 되는군요! 그 말을 들으니 조금은 다행이라는 생각이 드네요.

이 위기 동안 꼭 필요한 지지를 받고 있다는 것을 그녀에게 확실히 전달하기 위하여 필요하다면 치료자는 일주일 안에 특별상담이나 전화연락 약속을 잡을 수 있다.

치료자는 환자에게 현재 어떤 일이 벌어지고 있는지, 하나 또는 그 이상의 양식들이 활성화 되어 있지는 않은지, 환자의 어떤 과거사건과 관련된 어떤 양식이 역할을 하고 있는지를 탐색한다. 가장 중요한 것은 치료자가 그녀를 위하여 여기에 있으며 그녀를 버리지 않을 것임을 보여주어야 한다는 것이다. 환자가 공황상태에 있는 동안 환자가 본인이나 다른 사람들에게 절대 어떤 가해도 하지 않을 것을 확실히 하는 것도 치료자의 임무다. 더 나아가 치료자는 가족이나 친구들 중에서 환자를 감정적으로 지지해줄 사람들을 찾도록 돕는다. 일단 환자가 안정되면 치료자는 실제적인 해결방법 찾기를 시도한다. 그러나 대개 환자는 이미 스스로 해결방법을 찾아 놓는다.

만약 환자가 중독되어 있거나(약물이나 알코올 같은 것) 혹은 자살을 시도하려 한다면 이 방법은 적용될 수 없으며 전문 의료진의 도움을 받아야하고 치료자는 일단 이 위기상황이 끝난 다음에야 분석을 시작할 수 있다.

자살과 자해

　환자가 자살하고 싶다는 욕구를 표현하거나 자기 자신을 해치겠다고(자해) 위협할 때 치료자는 이 행동을 막는데 모든 주의를 기울어야 한다. 치료자는 환자와 함께 어떤 양식에서 이런 자살이나 자해의 욕구가 오는지 알아내려고 시도해야 한다. 대개는 각 양식마다 자해나 자살시도에 대한 각기 다른 '이유'가 존재한다. 방어자는 슬픔이나 두려움과 같은 강한 감정들을 억제하는 방법의 하나로 이러한 행위들을 저지른다. 이는 환자가 심리적인 고통을 겪느니 육체적인 고통을 택하려는 것이다. 환자에게는 심리적 고통이 더 견딜 수 없는 것이다. 처벌적인 부모는 환자의 잘못이나 결점에 대한 처벌의 한 형태로 자살과 자해를 사용한다. 화난 아이는 자신을 함부로 대했던 자기 주위의 사람들을 벌주기 위하여 이 같은 행동을 보인다(9장 참조). 어떤 양식이 작동되고 있는지를 찾아낸 다음, 치료자는 그 양식에 맞게 적절한 방법을 사용하여 개입한다. 일단 해로운 행동이 사라지고 나면, 치료자는 이것이 더 이상 문제가 되지 않는다고 판단될 때까지 환자에게 아직도 자신을 해치고 싶은 욕구가 있는지, 또 그렇게 할 것인지를 물어보는 것으로 각 회기를 시작해야 한다.

자해와 자기파괴적인 행동들

　치료의 초기 몇 달 동안 자해가 나타난다면 막기가 힘들다. 그 이유는 환자가 자기 자신이나 다른 사람들을 벌주거나 감정을 억누르는 성향에 대한 대안을 아직 찾지 못했기 때문이다. 이 기간 동안 치료자는 환자의 행동들 중에서 가장 위험한 상황을 예방하기 위하여 강한 감각자극을 가진 덜 위험한 행위(예를 들어 차가운 물로 샤워하기, 얼음조각 잡고 있기, 빨리 달리기)로 충동들을 대체하도록 환자와 합의할 수 있다. 치료자는 환자가 스스로를 해치는 행위를 시도하기 전에 자기에게 먼저 전화하라고 강력히 요구할 수도 있다. 주기적인 약물남용과 같은 다른 형태의 자기파괴적인 행동 또한 줄이도록 시도한다. 심각한 약물중독의 경우라면 심리도식치료 전에 약물중독치료센터의 도움이 필요할 때도 있다. 하지만 '제한된 재양육' 기법이 이러한 행동들을 일으키는 주요 양식들을 줄여주는 효과가 있기 때문에 결국에는 이런 행동들은 감소하게 될 것이다. 치료자는 환자가 고통스러운 느낌을 경험할 때 환자의 주의를 다른 곳으로 돌리게 하거나 이완시키는 여러 가지 다양한 방법들을 가르쳐 줄 수 있다(Linehan, 1993). 치료초기에는 자기손상적 행동을 제어하기 위하여 공식적인 한계설정을 두기에 아직 적절한 시점이 아니므로, 환자에게 그만 두라고 계속적으로 격려하면서 자기손상적 행동을 어느 정도는 용인할 수밖에 없을 수 있다.

자살

환자의 자살성향이 높아질 때 치료자는 치료 횟수를 일시적으로 늘릴 수 있다. 환자의 상황이나 계획에 따라 특별(규정 외의) 치료를 추가하거나 몇 번의 전화상담이 추가되기도 한다. 이런 치료동안 치료자는 환자가 자살을 시도하거나 자살할 마음을 먹게 만든 원인을 찾고 환자에게 가능한 한 많은 지지를 해준다. 만약 환자가 동의한다면 치료자는 환자 주위 사람들 가운데 환자를 돌봐줄 수 있는 사람이 있는지 알아볼 수 있다. 만약 가족구성원들이 문제의 원인이라면 그들은 포함시키지 않아야 한다. 또한 치료자는 자신의 동료들과 논의하여 환자에게 임시로 약물요법을 하는 것을 고려해볼 수 있다. 이 모든 것이 성공적이지 못하다고 판단되면 치료자는 자발적이든 아니든 환자를 입원시킬 수도 있다. 환자가 언제 자살을 할지 모른다는 걱정을 치료자가 지속적으로 한다면 치료를 계속하는 것이 불가능하다. 치료자와 보조치료자의 특별한 노력에도 불구하고 이런 빈번한 자살시도가 줄어들지 않는다면, 치료자는 환자와 함께 이런 행동에 한계를 정하는 것이 필요하며, 필요하다면 입원을 준비해야 한다(4장 '한계 정하기' 참조). 계속적인 자살위협이 있다면 치료자는 한계를 느끼게 되고 이 과정에서 낙담하다가 치료를 조기에 종료할 가능성이 매우 높다.

트라우마 다루기

어린 시절의 트라우마 다루기는 심리도식치료의 중요한 부분이다. 트라우마를 다루는 것은 환자가 치료자에게 안전한 애착을 충분히 갖게 된 후에나 가능하지만 심상 다시쓰기는 트라우마를 다루는데 일반적으로 사용될 수 있다. 심상 다시쓰기는 어린 시절의 경험을 통해 여러 가지 양식의 기원을 조사할 때 환자의 역기능적 판단이 어디서부터 생겨났는지를 알아보기 위하여 치료초기에 사용되기도 하고, 역기능적 심리도식을 변화시키는 단계에서도 사용될 수 있다. 이 때문에 심상 다시쓰기는 트라우마를 다루는 매우 신뢰받는 방법이다. 만약 환자가 트라우마를 꺼내놓지 않는다면 치료자는 이 주제를 제안해야 하며 트라우마는 꼭 다루어야만 하는 것임을 확실하게 설명한다. 이것은 어려운 단계이며 시기가 매우 중요한데(치료자의 휴가 직전은 별로 좋은 생각이 아니다), 환자는 반드시 비교적 안정된 생활환경에 있어야만 가능하다(이사 중에 있거나 이혼 중이라면 안 된다). 나아가 환자는 치료자를 제외한 누군가로부터도 지지를 받아야만 한다. 이런 모든 조건이 충족되었다 해도 환자는 자신의 어린 시절 트라우마를 다루고 싶어 하지 않을 수 있다. 이때는 트라우마를 통해 작업하는 것이 자신에게 왜 중요한지에 대한 납득할만한 설명이 필요하다. 트라우마를 다루어야 하는 가장 중요한 이유는 버림받을지 모른다는 느낌과 열등감, 불신과 같은 부정적 감정들은 바로 어린 시절의 트라우마가 낳은 직접적인 결과이며 이런 트라우마의 끊임없는 작용은 환자의 역기능적 심리도식을 강화시키고 게다가 트라우마의 부작용(예를 들어, 악몽과 주의집중장애문제)은 트라우마가 적절하게 다루어질 때까지 환자를 고통스럽게 할 것이기 때문이다.

여기에서 기술된 트라우마 다루기는 기억에 대한 노출을 핵심으로 하는 상상노출(imaginary exposure)과는 다르게 심상을 다시쓰는 데에 중점을 두고 있다. 1단계에서는 실제 트라우마가 발생하기 바로 직전의 기억들을 떠올린다(엄마가 회초리로 나를 때리기 직전). 그리고 2단계에서는 시기적절한 개입이 일어난다(엄마의 손이 제지되고 엄마가 방 밖으로 쫓겨난다=다시쓰기. 다시 말해 그때 아이를 보호하기 위하여 했어야만 했던 일 다시쓰기). 이때 역기능적인 어린아이의 해석, 예를 들어 '나는 나쁜 아이였으니 맞아도 싸'와 같은 해석이 '나는 나쁜 아이가 아니었고, 어떤 아이도 실수를 했다고 해서 맞아도 되는 건 아니다'라는 기능적인 해석으로 바뀌는 것이 중요하다. 심상 다시쓰기의 마지막 단계에서는 환자가 자신의 건강한 성인양식을 이용하여 혼자 힘으로 설 수 있도록 지지하는 것에 중점을 둔다. 환자가 자신에게 가해지는 폭력이나 욕설을 멈추게 할 수 있다면 자신의 문제를 해결할 능력이 있는 것이라는 자신감을 강하게 가지게 한다. 트라우마에 초점을 맞춘 심상 다시쓰기가 일단 끝나면 환자는 자신의 감정을 정리하고 결과를 검토할 시간이 필요할 것이다. 따라서 트라우마를 다루는 치료를 위해서는 시간을 충분히 여유 있게 잡는 것이 중요하다. 심상 다시쓰기 기법은 대체로 인지적 기법 후에 진행한다. 환자는 죄책감과 수치심이라는 주제에 초점을 맞춰서 인지일지를 과제로 할 수 있다. 혹시 환자가 집으로 돌아가고 난 후 감정에 압도된다면, 치료자는 치료 이외의 시간에 전화를 하도록 허용할 수 있다. 이렇게 하는 것은 위기를 피하는데 도움이 된다.

트라우마를 다루는 것에 관한 문제

환자는 트라우마 치료동안 매우 강한 감정을 경험한다. 치료자는 이 시기동안 환자를 돕는 것이 본인의 임무이므로 강한 감정들을 다룰 줄 알아야 한다.

치료자는 환자의 기억이 실제인지 아닌지에 대해서 너무 엄격히 구분하지 않아도 된다. 그리고 만약 환자가 어떤 사건이 실제로 일어났는지 아닌지 자신 없어하면 치료자는 그 사건이 실제인지 아닌지의 여부는 여기서 중요한 것이 아니라는 점을 강조해야 한다. 치료의 초점은 환자가 이 사건을 어떻게 경험했는가(실제건 아니건), 그리고 이것을 바탕으로 끌어낸 결론이 어떤 역기능적 심리도식에서 영향을 받았는가에 대한 통찰을 하는 것이다. 네덜란드 정신치료협회는 치료를 통해 얻은 정보를 가지고 가해자에게 법적으로 대응하는데 사용하지 말 것을 치료자들에게 강력히 권고하고 있다.

4~8장에서는 심리도식치료에서 사용되는 다양한 기법들을 논의했다. 그러나 양식에 대한 기법들도 제공되어 있으나 다양한 양식을 다루는 적절한 기법이 충분히 진행되지는 않았다. 이런 이유로 9장에서는 서로 다른 양식을 위한 각각의 기법을 따로 논의한다.

9

각 양식에
따른 기법

Methods per Mode

각각의 양식들은 서로 다르면서 독특한 접근방식을 요구한다. 이전에 언급한 몇몇의 기술들은 어떤 특정한 양식들에만 적합하다. 게다가 치료중이든 치료 이외든 여러 개의 양식들이 지속적으로 탈바꿈되므로 더욱 복잡해진다. 하나의 양식은 또 다른 양식에게 영향을 주는데, 이것은 환자 스스로 통제하기 힘든 것이다. 치료 중에 양식이 나타날 때, 치료자는 그 양식에 이름을 붙이는 것을 시도한다. 그렇게 되면 환자도 치료 안과 밖의 상황에서 나타나는 다양한 양식들의 차이를 배울 수 있을 것이다. 4~8장에서는 양식을 중점적으로 다루지는 않았다. 그렇기 때문에 이제부터는 감정영역(체험적 기법), 사고영역(인지적 기법)과 행동영역(행동적 기법)에서 각 양식마다 어떤 기법들이 사용될 수 있으며, 각각의 양식에 대한 치료관계는 어떻게 가져야 할지를 살펴보고자 한다. 또한 약물치료에 대해서도 살펴보고 각각의 양식을 다룰 때 치료자가 직면하게 되는 장애에 대한 정보도 다루게 된다. 그럼에도 불구하고 이론을 실제 치료에 그대로 적용하기란 충분하지 않은 경우가 많다. 그 이유는 양식들이 계속해서 변화함에 따라 치료자의 태도나 치료기법 또한 어쩔 수 없이 계속 바뀌어야만 하기 때문이다. 이장의 후반부의 '핀볼게임과 체스를 동시에 하기'에서는 빠르고 지속적으로 변하는 양식들에 대하여 치료자가 대응할 수 있는 최선의 방법들을 언급한다.

거리를 두는 방어자양식에 대한 치료방법

치료관계

치료 초기에 치료자는 방어자양식을 자주 다루어야 한다. 환자는 버려진 아이나 화난 아이의 강한 감정을 두려워한다. 또한 처벌적인 부모의 체벌이나 모욕도 두려워한다. 치료자는 거리를 두는 방어자에게 이러한 것이 발생할 때 환자를 지지할 것이고 환자가 이러한 강하고 불쾌한 감정을 감당할 수 있게 도와 줄 것이라고 정기적으로 안심시켜주어야 한다. 치료자는 환자로 하여금 감정을 표현하도록 격려하며 방어자에게 친근하면서도 확고한 목소리로 이야기한다. 각 회기가 진행되는 동안 치료자는 많은 노력이 들더라도 방어자양식이 아닌 환자와 직면하려는 시도를 지속적으로 해야 한다. 환자가 방어자양식 상태에 있을 때에는 제한된 재양육 기법을 사용하여 버림받은 아이를 지지하는 것이 불가능하기 때문이다(4장 참조). 때때로 방어자는 공격적이

될 수 있는데 이는 대부분 치료자에게 충분한 믿음이 없기 때문인 경우가 많다. 이렇게 되면 방어자양식은 치료자가 버려진 아이의 곁으로 다가갈 수 없도록 무엇이든 하려고 한다. 방어자양식이 이런 행동을 하는 목적은 학대로부터 환자를 보호하기 위해서이다. 이것이 의미하는 바는 치료자가 인내심을 갖고 환자의 신뢰를 얻도록 계속 노력해야 한다는 점이다. 만약 환자가 신뢰를 하지 않는다면, 그것은 환자가 방어자양식 상태에 있다는 것이다. 치료자는 환자가 신뢰하지 못할 수밖에 없다는 점에 대하여 이해하고 있다는 것을 알려주어야 한다. 치료자는 환자를 공감하고, 환자가 어떤 사람을 신뢰하는 법을 배우는 데는 시간이 필요하며, 특히 신뢰해서는 안 될 누군가에게 신뢰를 주었던 경험이 있는 경우에는 더욱 그러하다는 것을 알려주어야 한다. 치료자는 방어자양식이 물러나게 할 목적으로 치료의 빈도와 시간을 늘일 수도 있는데, 이렇게 하면 대부분의 경우 방어자양식은 사라지게 된다. 치료 이외의 상황에서 방어자양식은 자해나 자살시도를 통해 자신의 관점을 드러낼 수도 있다. 어느 관점에서 신체적 통증은 감정적 고통으로부터 환자를 보호해주기도 한다. 이 경우 우선적으로 자해나 자살시도에 모든 주의를 집중해야 한다. 치료자는 환자와 쉽게 연락이 닿을 수 있는 상태가 되어 있어야하며, 치료자가 없을 때를 대비해 위급센터와도 긴밀히 연결되어 있어야 한다.

감정

방어자양식을 분리시키는 최상의 방법으로 두 개의 의자기법이 있다. 치료자는 환자로 하여금 다른 의자에 앉게 하여 새로운 역할을 맡게 한 다음, 왜 방어자양식이 필요한지에 대하여 물어본다. 다른 의자에 앉은 환자는 감정에 빠져들지 않으면서 자신의 두려움을 말로 표현 할 수 있게 되고, 이로 인해 치료자는 방어자와의 논의가 가능해진다. 이때 치료자는 노라가 어렸을 때 힘든 상황을 모면하게 할 수 있게 했던 것은 바로 방어자양식의 역할이었음을 인정한다. 그러나 지금 노라의 상황은 변했고, 성장한 노라는 어린 노라가 치료자에게 보호받길 원하며, 치료자는 노라에게 다른 방식으로(좀 더 어른스럽게) 표현하는 방법을 가르칠 것이라고 전한다. 치료자와 환자의 관계가 강력하고 신뢰가 있으면 환자는 안도감을 갖고 버림받은 양식에서 좀 더 감정을 표출할 수 있게 된다. 그러면 치료자는 환자로 하여금 원래의 의자로 돌아오게 한 후 버림받은 아이와 논의를 계속하도록 한다. 만약 치료자가 계속 버림받은 아이와 함께 하도록 방어자양식이 허용한다면, 치료자는 환자가 감정적으로 보이지 않더라도 환자를 원래의 의자로 돌아가게 할 수 있다.

또 다른 방법으로는 환자로 하여금 눈을 감게 한 후 어린 노라를 떠올려 보도록 하여 방어자양식이 개입하지 못하게 하는 방법이 있다. 만약 이것이 성공적이라면, 치료자는 버림받은 아이와 접촉해 볼 수 있고, 환자로 하여금 자신의 느낌을 표현하도록 격려할 수 있다.

생각

치료자는 방어자양식의 좋은 점과 나쁜 점을 칠판에 적을 수 있다(표9.1 참조). 이 실습에서 환자가 좋은 점에 대하여 생각해내면 치료자는 나쁜 점도 찾을 수 있도록 도와주어야 한다. 그리고 치료자는 환자에게 느낌과 감정을 다루는 법을 배우는 것의 중요성을 설명한다. 느낌과 감정을 다루는 법은 앞으로 친밀한 관계를 위하여 꼭 필요하며 환자 자신이 한 사람으로서 정상적으로 발전하는데 도움을 준다. 이러한 인지기법은 환자의 방어자양식을 감소시키는데 도움을 준다.

그러나 인지기법들이 방어자양식을 다루는 데에 큰 효과를 내지 못하는 경우가 있다. 이 경우 인지적 수준에서는 변화되었다고 나타났던 것들이 감정적인 수준까지는 연결되지 않은 상황을 뜻한다. 이는 아직 새로운 통찰력이 녹아들지 않았기 때문이다.

| 표 9.1 | 방어자양식의 장단점

장점	단점
고요함을 느낄 수 있다.	공허함을 느낀다.
나 자신을 해칠 것 같은 느낌을 느끼지 않는다.	감정을 너무 오래 억압하면 결국에는 나 자신에게 상처를 주게 된다.
다른 사람들과 마찰이 없다.	다른 사람(또는 치료자)과 연결되는 느낌이 생기지 않는다.
치료 중에 어려운 문제를 이야기 할 필요가 없다.	내가 계속 방어자 상태에 머물러 있다면 새로운 관계를 시작할 수 없다.
일하는 것 또는 공부하는 것과 같은 새로운 일을 시도 할 필요가 없다.	감정을 다루는 법을 배울 수 없다. 그래서 아이를 키우지 않는 것이 더 좋을 듯하다. 만약 아이를 가진다면 그 아이는 내가 가진 문제와 똑같은 문제점을 가질 것이다.
	나의 문제를 어떻게 극복하는 지를 배우지 못하게 된다.
	새로운 일이나 교육과정을 갖지 않게 되면, 나는 절대 정상적인 소득을 얻을 수 없을 것이다.
	방어자양식에 있게 되면, 내 인생은 지루해질 것이다.

행동

환자는 치료 상황 안팎에서 방어자양식에 머무는 시간을 최소화하도록 배워야 한다. 치료 동안 이것을 할 수 있어야 치료 밖에서도 이것이 가능해진다. 나아가 환자는 치료자와의 관계 이외의 상황에서도 신뢰를 구축할 수 있어야 한다. 치료자는 환자로 하여금 다른 사람과 감정을 더욱 자주 나눌 수 있도록 하고, 만약 환자가 다른 사람과의 접촉이 적다면 사람들을 정기적으로 만날 수 있는 활동에 참여 하도록 격려한다. 환자가 몇몇 좋은 사람들과 관계를 맺은 경우, 그들을 한 번 또는 그 이상, 치료에 초청하여 환자가 그들에게 자신의 감정을 표현하는 연습을 할 수 있도록 도와줄 수 있다.

약물치료

약물의 사용은 환자의 두려움과 공포의 수준이 더 이상 참을 수 없을 때 권장하게 되는데, 항우울제가 이 때 사용될 수 있다. 그러나 심리도식치료 기간 동안 약물치료의 사용은 두 가지의 이유로 인해 매우 조심해야 한다. 첫째, 치료 중에 약물사용은 감정과 인지가 변화하는 과정을 방해하여 회복을 지연시키는 경향이 보고되었다(Giesen-Bloo, 2006). 둘째, 약물의 사용은 실제로 심리도식치료가 목적하는 것과는 반대로 방어자양식을 강화시킬 수 있다. 모든 것이 순조롭게 진행된다면, 약 1년 후에는 방어자양식의 출현빈도가 훨씬 적어질 수 있다. 이는 방어자양식이 개입할 수 있는 여지가 적어졌다는 것을 의미한다.

장애

• 만약 환자가 피곤해 하거나 졸려 보이면 그에게 접근하는 것은 거의 불가능하다. 치료자는 이것이 실제로 잠이 부족해서 오는 것인지 아닌지를 파악해야 한다. 만약 그렇다면 불면의 원인이 무엇인지를 파악한다. 이것이 밝혀지면 치료자와 환자는 잠자는 패턴을 개선하기 위하여 공동으로 작업할 수 있다. 환자의 피곤함에 대하여 신체적 원인이 없다면 이것은 대체로 방어자양식의 결과이다. 이 경우 치료자는 '환자를 깨우기 위하여' 창문을 열거나 이야기를 크게 하거나 또는 점잖게 흔드는 것과 같은 방법을 사용할 수도 있다. 가끔은 어려운 주제를 사용해서 환자가 정신을 차리게 만드는 것도 도움이 된다. 환자의 '몽롱한' 상태가 해리된 형태를 띠는 경우, 치료자는 호흡을 조절하는 집중훈련이나, 방안의 한 점에 초점을 맞추거나, 어디에서 누구와 같이 있는

지를 묘사하게 하는 방법을 통해 환자를 '해리'상태에서 빠져나오도록 시도할 수 있다. 치료자는 처벌적인 측면으로부터 환자를 보호하겠다고 지속적으로 안심시킨다. 이것을 하는 동안 치료자는 무엇이 환자를 겁먹게 하여 해리된 상황으로 만들었는지를 파악한다. 나아가 이러한 탐구의 결과와 과거의 정신적 충격경험을 연결지어 보도록 한다.

• 심각한 두려움과 연관된 과도한 양의 스트레스는 단기적 정신이상을 낳을 수 있다. 이러한 정신이상들은 편집증적인 경향을 띠고 있는 경우가 많다. 예를 들어 환자는 치료자가 자신을 때리려고 하거나 공격적인 태도로 바라본다고 생각할 수 있다. 이런 경우 치료자는 마치 학대하는 부모가 되는 형국이다. 환자가 해리된 상태로 들어가면서 정신이상을 보인다면, 치료자는 천천히 그리고 신중하게 환자를 안심시키고 현실세계로 돌아오도록 해야 한다. 스트레스 수준이 감소하면 이러한 정신이상증상들도 감소하게 된다. 그러므로 이러한 증상을 보인다고 해서 심각한 정신분열상태가 아닐까 걱정하지 않아도 된다. 어떤 경우에는 단기간 동안 향정신성약물을 사용해야 할 필요도 있다. 단 환각에 대응할 정도로 제한되어야 한다.

• 때때로 환자가 그럴 듯한 진술을 함과 동시에 자신의 상태에 대한 실질적인 해법을 치료자에게 요구하는 경우가 있어 치료자가 생각하기에 방어자양식을 다루고 있는 것인지 건강한 성인양식을 다루고 있는 것인지 판단이 서지 않는 경우가 있다. 이 상황을 보다 명료화하기 위하여 치료자는 환자의 감정을 물어 볼 수 있다. 만약 환자가 담담한 무감정적 반응을 보일 경우 치료자는 방어자양식을 다루고 있다고 판단해야 한다. 환자가 방어자양식에 있는 상태에서 실질적 해법을 찾는다는 것은 좋은 방법이 아니다. 왜냐하면 이 양식은 어린아이의 욕구에 초점을 맞추고 있지 않기 때문이다. 한편 환자가 섬세하게 반응한다면 치료자는 건강한 성인을 다루고 있다고 판단해야 한다. 환자가 버림받은 아이의 상태에서도 치료자로부터 충분한 지지를 받는다고 느낀다면, 방어자양식의 개입 없이 실질적인 해법을 찾을 수 있다.

버림받은/학대받은 아이양식에 대한 치료방법

치료관계

이미 4장에서 자세히 언급했듯이 환자와의 치료관계를 확립하는 것은 치료시작부터 계속 이어지는 핵심사항이다. 환자가 버림받은 아이양식이라면 치료자는 환자를 지지하고 안심시켜야 한다. 나아가 다른 사람의 욕구를 존중하면서 자신의 욕구를 충족시키는 건강한 선택들을 발견할 수 있도록 도와주어야 한다. 이 시점에서는 환자의 문제를 풀기 위한 실질적인 해법을 생각해낼 필요는 없으며 환자의 감정과 욕구에 대하여 공감하는 것이 필요하다. 환자는 치료자의 말하는 방식과 태도에 주의를 기울이기 때문에 따뜻한 목소리와 억양으로 환자를 지지해 주는 것이 매우 중요하다. 환자가 어려운 시기를 맞이하고 있으며, 치료자는 지지의 한 방법으로 치료 외 시간에 전화를 걸어주거나 또는 환자가 전화하는 것을 허용할 수 있다. 이렇게 하는 것은 환자가 자신의 아이양식에게 공감을 느끼는 법을 배우게 하기 위한 목적이다. 치료가 진행되어 가면서 건강한 성인양식은 버림받은 아이에게 점점 더 많은 지지를 하게 된다. 적절한 시기가 오면 별도의 조치(예를 들어, 상담 외의 전화통화)를 줄여도 된다.

감정

궁극적으로 모든 체험적 기법들의 목적은 버림받은 아이로 하여금 자신의 감정을 표출하도록 돕는데 있다. 이러한 체험적 기법들, 특히 심상 다시쓰기와 과거 상황 역할극은 환자로 하여금 어려운 상황에 부딪혔을 때 도움을 요청하거나 받는 것이 지극히 정상이라는 것을 알도록 해준다. 치료의 후반부가 되면 환자는 이러한 태도를 건강한 성인양식에 통합시키는 것을 배우게 되며 더 이상 치료자의 도움을 자주 받지 않아도 된다. 이렇게 되기 위해서는 환자가 건강한 성인의 역할을 할 수 있도록 격려해주고 그 건강한 성인이 심상 다시쓰기를 통해 버림받은 아이를 돌보게 하는 것이 좋다. 대부분의 경계선 성격장애 환자에게는 치료의 마지막 단계에서나 가능하다. 만일 환자가 어린 시절 어쩔 수 없이 부모역할을 떠맡을 수밖에 없는 환경에 있었다면 그 환자에게는 너무 빨리 건강한 성인의 역할을 하도록 해서는 안 된다. 첫 번째 단계로 환자자신이 어린아이가 되는 시간을 가진 후, 두 번째 단계로 건강한 성인양식으로 성장하기 위해 치료자의 돌봄을 경험하는 시간을 가져야 하며, 세 번째 단계는 과거 상황 역할극으로 다양한 행동들을 시도하도록 해야 한다. 이 단계에서 환자는 개인적인 경험이 극히 제한되어 있기 때문에 대안적인 행동을 생각해낸다는 것이 가장 어려운 일이 될 수 있을 것이다. 이때 치료자는 환자가 스스로 대안행동들을 할 수 있을 때까지 모델을 제시할 수 있다.

생각

인지치료기법을 통해 환자는 정상적인 어린 시절이 어떤 것인지를 배울 수 있다. 어린 시절에 무엇을 놓쳤었는지 구체적으로 알 수 있으며 미래에는 이것들을 어떻게 채워나갈 것인지를 배운다. 환자는 정상적인 어린 시절을 잘 이해하기 위하여 일반적인 어린 시절 발달에 관한 글을 읽을 수 있다. 나아가 치료자는 환자에게 어린아이의 일반적인 권리에 대하여 배우도록 한다. 치료자는 대처카드를 만들거나 치료자가 말한 환자의 긍정적인 부분들을 녹음하여 집에서 읽어 보거나 듣도록 환자에게 제안할 수 있다. 환자가 버림받은 아이양식에 있을 때 저지르는 가장 흔한 실수는 어떤 특정한 일이 항상 그 방식으로만 일어날 거라고 결론짓는 것이다. 환자는 시간이 지나도 고통은 남는다는 부정적인 인식을 갖고 있다. 이것을 시간이 지나면 점점 고통이 사라질 것이라고 바꾸게 되면 환자는 덜 불안해하고 덜 침울해 할 수 있다.

행동

치료자는 친근한 대화와 존중하는 태도로 환자를 대함으로서 환자를 배려하고 있다는 것을 보여 준다. 또한 환자를 한 인격체로서 여기면서 과거의 패턴과는 다른 방식으로 행동하기 위하여 노력하는 환자를 자주 칭찬한다. 환자 또한 자기 자신을 칭찬하는 법을 배워야 한다.

환자는 자신의 인생에 파괴적인 영향을 주는 부모나 다른 존재들로부터 잠시 떨어져 있을 필요가 있다. 특히 현재 부모가 환자를 대하는 방식이 환자가 어렸을 때 대했던 방식과 같다면, 환자가 충분히 튼튼하고 건강한 성인양식을 개발할 때까지 접촉을 최대한으로 줄이는 것이 좋다. 부모와 접촉을 유지할 것인지 말 것인지는 환자가 결정한다. 부모와의 접촉을 제한하는 것은 비록 짧은 시간이라 할지라도 환자에게는 매우 어려운 것이다. 환자는 죄의식 때문에 괴로워 하거나(처벌적인 양식) 세상에서 더욱 외로운 존재가 된다는 느낌(버림받은 양식) 때문에 두려워 할 수 있다. 환자는 부모가 주는 나쁜 영향을 대수롭지 않게 여기거나 심지어 치료자에게 화를 낼 수도 있다(방어자양식). 특히 물리적 또는 성적학대보다는 '단지' 감정적 학대나 무관심이 있는 경우 환자는 부모와의 접촉을 줄이는 것을 특히 꺼리게 된다. 그러므로 치료자가 이 주제를 다룰 때에는 조심해야 하며 이 방법의 장단점에 대해서 충분히 함께 논의해야 한다. 이렇게 하기 위해서 아주 튼튼하고 안전정인 치료관계가 요구되며 될 수 있는 한 환자를 위하여 치료자는 더 많은 시간을 할애해야 한다. 일주일에 두 번의 치료를 갖는데도 불구하고 매일 만나는 부정적인 부모의 영향으로 인해 치료에 진전이 없을 때가 바로 부모와의 접촉을 잠재적으로 끊는 시점이 된다.

방어자양식에서 언급했듯이 환자는 자신의 감정을 나누고 새로운 관계를 통해 지지받고 요구하는 것을 연습하게 된다. 버림받은 아이가 고통스러운 감정을 수용하는 방법으로 이완과 명상훈련이 있다.

장애

• 치료자는 환자를 너무 과보호하는 부모가 될 수도 있다. 과잉보살핌은 치료관계의 경계를 넘어서는 결과를 낳을 수 있다. Young(2003)은 치료자의 경계를 다음과 같이 정의한다. "치료자는 치료관계를 벗어나는 접촉을 하지 않으며, 환자로 하여금 너무 치료자에게 의지하지 않도록 하며, 환자를 통해 치료자 자신의 목적을 충족시켜서는 안 된다. 이 관계는 '제한된 재양육'에서 나온 것이지, 실제 부모-자식 간의 관계가 아니다."

• 치료자가 부모의 역할에 너무 빠져버려서 환자의 행동이 유아적이라고 느낄 수 있다. 치료자는 자신의 문제를 처리할 능력이 없는 어린아이를 바라보듯 환자의 문제를 기꺼이 수용할 수 있어야 하고, 치료를 위하여 추가적인 에너지와 시간을 들일 용의가 있어야 한다. 치료자는 환자가 욕심이 많다고 여기는 것이 아니라 어느 특정한 것이 필요한 상태라고 보아야 하며, 환자의 욕구를 만족시키는데 있어 '너무 과한' 또는 '너무 부족한' 것 사이에서 균형을 찾아야 한다. 환자의 욕구는 자연스러운 것이고 그것을 이해하지만, 지금 바로 완벽하게 100% 충족되지 않을 수도 있다고 말해주는 것이 좋다. 이렇게 함으로써 치료자는 욕구들을 무시하거나 환자의 감정을 억압(처벌적인 부모가 하듯이)하지 않는 한편 욕구란 항상 충족될 수 있는 것이 아니라는 것을 가르칠 수 있게 되며, 마침내 환자에게 욕구가 좌절되는 것을 감내하는 힘이 생기도록 도울 수 있다.

화난 / 충동적인 아이양식에 대한 치료방법

치료관계

화난 아이양식에서는 치료자에 의해 확실한 경계가 설정된 안전한 치료관계가 요구된다(4장 '제한된 설정' 참조). 이러한 경계 안에서 화가 난 아이는 자신의 화를 표현할 수 있어야 하며

(5장 '화' 참조), 적절하게 자기주장을 하는 법도 배울 수 있어야 한다(7장 '기술훈련과 역할극' 참조). 전반적인 화에 대한 주제는 대체로 치료의 후반에 다루어지는데 그 이유는 환자가 처벌적인 부모나 치료자의 거부 등에 대한 두려움 때문에 치료의 초반에는 감히 화를 표현하지 못하기 때문이다. 가끔 환자는 자신의 공격성에 너무 놀라 그 다음부터는 치료에 나타나지 않는 경우도 있다. 이 경우 치료자는 환자에게 전화를 걸어 치료에 참석해야 한다고 말해 주고 두려움에 대하여 의논한다. 치료자는 환자가 화를 내는 경우 놀라거나 벌을 주는 것이 아니라, 오히려 화를 표현할 수 있도록 도와 줄 거라고 이야기해주어 안심시키도록 한다. 만약 환자가 통제력을 잃거나 뜻하지 않게 치료자를 다치게 한다면, 잠시 방을 나가서 분노가 감소된 후에 방으로 돌아올 수 있다고 약속하는 방법도 있다. 보다 좋은 방법은 베개를 때리는 것과 같은 행동으로 분노를 분출하는 방법을 알려주는 것이다. 실제로 치료자는 물리적으로 베개를 치고 소리를 지르는 것을 시범 보일 수 있다. 치료자는 환자가 이것을 따라 할 수 있게 하여 갑자기 분노가 일어날 때, 화를 표현할 수 있도록 항상 베개를 옆에 둔다. 이렇게 해서 환자는 화가 아무리 강하더라도 수용할 수 있다는 메시지를 받게 된다. 그러나 화의 표현은 손상을 주지 않는 범위에서 행해져야 하며, 이로 인해 환자들은 화를 더욱 자주 표현하면서도 안전감을 느낄 수 있게 된다.

감정

자신의 화난 감정에 접촉할 수 없는 환자를 돕는 것은 치료자의 의무이다(5장 '분노' 참조). 매우 화가 났지만 그 화에 대하여 아무것도 할 수 없었던 환자의 과거에 대하여 심상 다시쓰기를 하는 경우, 치료자는 처벌적인 부모가 환자에게 어떤 상처도 줄 수 없도록 확실히 대처해야 한다. 예를 들어 부술 수 없는 투명 벽을 만들어 화난 아이를 처벌적인 부모로부터 떼어 놓을 수 있다. 또 다른 방법은 치료자가 처벌적인 부모를 묶어 놓거나 제지하는 것이다. 이렇게 함으로써 화난 아이나 건강한 성인이 자신의 화를 표현할수 있게 된다. 만약 환자가 화를 표현할 수 없다면 치료자가 대신해 줄 수도 있다. 치료자는 물리적으로 화를 보여 주고(예를 들어 베개를 때리는 것처럼), 환자에게 한 번 해보라고 할 수 있다.

이러한 심상작업 후에는 환자와 함께 비상대책에 관한 논의하여 처벌적인 부모가 다시 나타날 경우 이를 다룰 수 있는 대안을 정하고 치료 밖에서 대응 할 수 있도록 하는 것이 필요하다. 이런 심상작업 직후에 환자가 자신의 화난 감정을 표현한 것에 대한 처벌로 자신을 벌주어야 한다고 느끼거나 자살을 시도할 가능성도 있다. 만약 이것이 실제로 발생할 것 같으면 환자는 자신의 치료자나 다른 보호시설 의료진에게 전화를 하도록 한다. 그러나 치료자가 보기에 환자가 도움을 능동적으로 요청할 능력이 없다고 판단되면 전화약속을 하거나 어떻게 지내는지 전화통화로 '확인'할 수 있다.

생각

경계선 성격장애 환자는 감정이나 화를 표현하는데 있어 비이성적인 생각을 가지는 경우가 많다. 이런 비이성적인 생각은 인지치료에 있어서 매우 좋은 치료대상이 된다. 평범한 사람들이 어떻게 화를 다루는지를 관찰하는 것은 정상적으로 화를 표현하는 방법을 이해하는데 도움이 된다.

행동

우선 환자는 치료동안 그리고 치료 상황 밖에서 너무 강하지 않은 화를 표현하는 연습을 해야 한다(7장 '기술훈련과 역할극' 참조). 이것은 역기능적 사고에 도전하는 것과 짝을 이룬 훈련이 될 수 있다. 만약 환자가 화와 관련해 문제가 있어 보이고 집에서도 안절부절 못하며 화가 어디에서부터 오는지 직접적으로 파악하지 못하는 경우, 그것은 대부분 아직 처리되지 못한 자신의 과거로부터 온 화의 잔여분일 가능성이 많다. 이럴 때 육체적 활동이 불안을 잠재우는데 도움이 된다. 어떤 환자는 베개나 샌드백을 때리는 것이 도움이 된다고 느끼는 반면, 또 다른 사람들은 스포츠를 통해 발산을 하는 형태를 취한다. 또는 열정적으로 집안을 청소하는 환자도 있다. 치료자는 그 후 이어지는 치료에서 격렬한 감정을 일으킨 측면들을 탐색할 수 있다.

약물치료

일부 환자에게 화는 불면증을 초래하기도 한다. 벤조디아제핀은 처벌적인 부모로 인해 너무 지쳐 탈진되어 버리는 순환과정을 끊을 수 있게 하는데 도움이 되기도 한다. 그러나 대부분의 경우, 환자를 통제불능의 상태로 만들거나 조절 불가능한 격렬한 감정을 증가시키기도 하므로 벤조디아제핀의 사용을 추천하지는 않는다. 수면을 위하여 보다 안전한 대안은 항히스타민제이다.

장애

• 치료를 성공적으로 마쳤다 하더라도 처벌하는 존재의 위험성을 과소평가해서는 안 된다. 치료 중 화난 아이를 다루었다면, 치료의 마무리 과정에서 이 가능성에 대하여 이야기 하는 것을 절대 잊어서는 안 된다.

• 화난 아이는 다른 양식에 비해 치료자를 향해 더 큰 부정적인 반응을 보일 수 있다. 이 때문에 치료자는 자기 자신의 반응을 통제하도록 주의를 기울여야 하는데, 화난 아이의 공격성이 자신을 향할 때는 더욱 그러하다. 화난 상태로 발을 구르면서 울화를 터트리는 환자를 아이라고 여기도록 치료자는 최선을 다해야 한다. 치료자가 자신의 화를 통제하지 못하여 환자의 공격에 반격하는 반응을 하는 경우, 환자는 거부된(버림받은 아이) 느낌을 받을 거라는 것은 의심의 여지가 없다. 또 다른 위험중 하나는 환자가 화를 내는 것을 치료자가 견디지 못하고 환자로부터 멀어지는 것이다. 치료자가 환자의 공격적 행동에 제한을 두지 말라는 것은 아니다. 환자가 화를 내는 것을 지켜보는 동안 치료자는 표출되는 모든 형태의 화를 다 참을 필요는 없다. 환자의 화를 거부하지 않고 환자와 어느 부분이 현실적이며 어느 부분이 비현실적인지 논의하는 것이 중요하다. 한편 치료자가 실제로 환자에게 두려움을 느낀다면 치료자는 버림받은 아이를 다루는지 아니면 화난 방어자를 다루는지 탐구해야 하며, 어느 경우든 간에 치료자 본인이 다시 안전감을 느끼기 위하여 필요한 경계나 제한을 확실히 해야 한다.

• 화난 노라는 분노를 보여주기 위해 또 다른 방법인 자해와 자살로 방향을 전환할 수 있다. 이 양식에서 환자는 자기 자신을 벌하려고 이런 행위를 하는 것이 아니라 부당하게 자신에게 상처를 주었던 주위 사람들에 대한 복수를 하는 것이다. 드문 경우에 환자는 자신에게 잘못을 저질렀던 인물을 죽이려고 위협할 수도 있다. 환자가 자살 또는 살해하려는 위협이 있는 경우, 치료자는 엄청난 압박에 놓이게 되므로 확실한 경계를 설정하고 동료들의 참여를 통해 도움을 얻어야 한다(8장 '자살과 자해' 참조).

처벌적인 부모양식에 대한 치료방법

치료관계

치료자는 처벌적인 부모양식으로부터 환자를 최대한 보호한다. 이 양식은 환자로 하여금 자신을 처벌하고 싶은 마음을 자해와 자살이라는 파괴적인 행동으로까지 만들 수 있으므로 매우 위험하다. 그러므로 치료자는 치료 중 가능한 한 안전한 상황을 만들어 위기상황에서 연결이 될 수 있도록 해야 한다(8장 '위기'와 '자살과 자해' 참조). 치료자의 모든 노력에도 불구하고 환자는 치료자의 이야기를 자신을 처벌하려는 것으로 해석하는 경우가 종종 있다. 대부분의 경우 치료자는 이 점을 알지 못하지만 환자가 하나의 양식에서 다른 양식(처벌적인 부모나 방어자양식)으로 갑자기 돌변하는 경우 치료자가 무언가 '잘 못' 말을 한 것일 가능성이 높다. 치료자는 이 경우인지 확인하고 만약 그렇다면 자신의 이야기가 실제로는 어떤 의도였는지 설명해야 한다. 그러나 실제로 치료자가 처벌하는 방식으로 반응할 가능성도 있다. 이것은 치료자가 부정적인 역전이의 함정에 빠진 것인데, 치료자는 이를 반드시 교정해야 한다. 치료자는 좋은 부모의 역할모델이고 (가끔 실수도 하는) 처벌적인 부모와는 완전히 반대 자세를 취한다.

감정

심상 다시쓰기에서 치료자는 처벌적인 부모와 강하게 대립하며 환자에게도 이러한 처벌적인 양식과 싸우도록 가르친다. 이는 과거 상황 역할극을 통해서도 할 수 있다. 다수의 의자기법은 처벌적인 부모양식을 다루는데 있어 매우 좋은 방법이다(5장 참조). 강하게 대립하는 태도는 환자를 대하는 행동이 명백히 잔인하거나 모욕적인 처벌적인 부모양식을 다루는데 있어 가장 좋은 방법이다. 치료자는 큰 목소리로 이야기를 하면서 처벌적인 부모의 말을 거부하고 차단한다. 처벌적인 부모양식을 다룰 때 치료자는 당신이나 아무개씨(부모의 이름)와 같이 격식 차린 언어를 사용한다. 처벌적인 부모가 환자를 부정적으로 비판한다면, 치료자는 부모 자신의 실패나 경직성을 지적하면서 강하게 반박한다. 비판적인 부모는 자신의 단점이 지적당했을 때 비로소 이성적으로 되어 행위를 멈추게 된다. 그들이 실패한 확실한 원인은 자신의 딸을 사랑 속에서 수용적인 방식으로 기르지 못한 것이다. 이러한 비판적인 측면이 부모 중 한쪽과 연관이 있다면 이 방법은 특히 도움이 된다. 치료자가 인터뷰를 하는 시점에서 부모에 대한 정보를 충분히 보유한다면 설득력 있는 실례를 제공할 수 있다.

처벌적인 부모의 또 다른 변형으로 죄의식을 유발하는 부모와 불평하는 부모가 있다. 이런 종류의 처벌적인 부모는 모든 것이 자신에게 초점이 맞추어져 있어야하고 부모의 불행에 어린 노라의 책임이 있다고 주장한다. 만약 노라가 자기의 길을 가겠다고 시도하게 되면 이 부모양식은 노라를 벌주고 비난할 것이다. 환자가 자기의 부모를 가엾다고 여기게 되면, 부모의 행복에 대한 책임을 느끼게 되어 직접적으로 부모와 대립을 할 수가 없게 된다. 이 경우 치료자는 처벌적인 양식에 대하여 아주 엄격하지 않더라도 단호하게 다루어야 한다. 치료자는 처벌적인 양식에게 본인의 문제는 본인 스스로 해결해야지 어린 노라에게 의지해서는 안 된다고 이야기를 한다.

모든 체험적 기술들이 그렇듯이 치료자는 처벌적인 양식과 논쟁을 벌이면 안 된다. 그 이유는 그렇게 하면 처벌적인 양식이 부분적으로 옳다는 것을 인정하게 되기 때문이다. 처벌적인 부모는 섬세한 방식으로 생각할 수 있는 사람이 아니라 사소한 잘못이나 실수를 공격하는 양식이다. 사물에 대하여 독특하고 세련된 방식으로 생각하는 것은 건강한 성인의 심리도식의 일부분이지 처벌적인 부모의 것은 아니다.

생각

환자가 자신에 대하여 부정적 생각을 가지고 있고, 이것이 처벌적인 양식에서 기인됐다는 것을 깨닫게 되면, 환자는 건강한 성인의 도움으로 인지일기를 써서 스스로 균형 잡힌 판단을 하도록 시도할 수 있다. 처벌적인 부모는 강한 흑백논리로 환자를 판단하므로 환자는 '나는 나빠, 말도 잘 못하고, 추하고, 모든 것은 다 내 잘못이야' 와 같은 생각들을 일반적으로 하게 된다. 이 상황에서 사용될 수 있는 기법들은 다차원 평가, 법정기법, 파이 차트(6장 참조)등이다. 또 다른 방법으로 환자는 자신과 가까운 사람에게 자신이 범했던 실수에 대한 그들의 견해를 묻거나 충고를 청해서 도움을 받을 수 있다.

긍정일지와 과거력 검사는 처벌적인 부모에 맞설 수 있도록 하는 또 다른 방법이다.

환자는 지금까지 지녀왔던 어떤 규범과 가치들이 사라지는 것을 두려워한다. 그래서 처벌적인 부모의 지나치게 엄격한 기준에서 해방될 때 오히려 두려움이 생길 수 있다. 이때 건강한 성인의 규범들과 가치들을 발전시켜서 두려움을 감소시킬 수 있다. 치료자는 자신의 생각을 환자에게 강력하게 주입하지 않으면서 환자가 더 융통성 있고 합리적인 규범을 가질 수 있도록 도와주어야 한다. 이 새로운 가치와 규범들은 건강한 성인양식에 속한다.

행동

환자는 처벌적인 부모양식을 없애기 위하여 많은 것들을 할 수 있다. 예를 들어,

- 환자는 치료자가 녹음한 처벌적인 부모를 멀리 보내는 내용을 듣기.
- 왜 처벌적인 부모가 옳지 않은지에 대해 적혀있는 대처카드 읽기.
- 친구를 방문해서 지지와 공감 구하기.
- 명상이나 이완훈련을 통해 긴장풀기.
- 즐겁거나 잘하는 것을 하기.
- 자신을 편하게 하기. 필요하다면 매개물(transitional object)을 이용하기.
- 집에서 건강한 양식과 처벌적인 양식 간의 심리도식 대화를 가지기.

(과제와 관련된 추가적인 정보는 8장 '과제'를 참조)

장애

- 치료 후에 처벌적인 부모가 다시 돌아올 수 있는데 그렇게 되면 환자는 말이 없어지고 복수할 방법을 찾는다. 치료자는 이것을 과소평가해서는 안 된다. 이 상황을 다루기 위한 다양한 방법들은 '화난/충동적인 아이양식에 대한 치료방법'에 기술한 바가 있다.

- 때때로 처벌적인 측면은 환자에게 유익하고 건강한 것을 하게 하는 것이 아니라 오히려 완전히 반대행동을 하게 만들기도 한다. 이것은 자신이 행복할 만한 가치가 없다는 생각으로부터 오는 것이며 치료자로부터 처벌을 자극하는 무의식적인 시도이기도 하다. 이렇게 되면 대개 환자는 치료에 나타나지 않기도 하는데, 이 경우에 치료자는 전화를 해서 비록 그것이 잘못된 일일지라도 처벌하지 않을 것이라는 것을 확신시켜주어야 한다. 더 나아가 다음 치료에 참석하도록 용기를 북돋아주어야 한다. 만일 환자에게 전화하기 힘든 상황이라면 치료자는 환자가 잘 지내는지 걱정하고 있고 다음 치료에 나오라는 내용의 편지를 보낼 수 있다.

- 환자는 자신의 부모들에 대하여 방어적으로 될 수 있다('그들은 어쩔 수 없었어. 그들은 문제 있는 유년기를 보냈잖아'). 치료자는 처벌적인 양식이 환자에게 손상을 주기 때문에 처벌적인 부모를 침묵하게 만드는 것이 중요하다고 설명한다. 치료자는 처벌적인 부모를 거절하는 것이 현재의 부모 자체를 거절하는 것이 아니라 환자의 유년 시절 동안 좋지 않았고 처벌적이었던 부모의 일부분을 거절하는 것이라고 반복해서 설명한다. 실제로 부모를 이해하거나 용서하는 것

은 치료를 완전히 마쳤을 때 가능한 일이다. 이것은 건강한 성인의 상태에서 환자가 선택하는 일이기 때문이다. 환자는 먼저 머릿속에 있는 처벌적인 부모양식을 침묵시키는 법을 배워야 한다.

건강한 성인양식에 대한 치료방법

치료관계

치료관계는 부모 대 아이 관계로부터 성인 대 성인 사이의 관계로 천천히 그러나 확실하게 변화한다. 환자는 더욱 더 자율적이게 되고 치료자의 도움 없이 자신의 문제에 대한 해법을 찾을 수 있다. 비록 건강한 성인양식이 거의 안 나타나고 너무나 멀리 떨어져 있더라도 치료초기부터 치료자는 환자가 건강한 양식과 만날 수 있도록 노력한다. 특히 공격적이고 충동적인 행동을 다룰 때, 치료를 지속적으로 진행시키기 위하여 치료자는 적극적으로 건강한 성인을 찾아내 만나게 하여 그러한 행동을 그만두도록 시도한다.

건강한 성인양식과의 대화사례

노라는 그녀의 남자 친구와 헤어졌고 삶의 의미를 잃어버려 치료를 그만두겠다고 으름장을 놓고 있다.

T: 노라, 나는 당신이 지금 매우 어려운 시기라는 것을 이해합니다. 그러나 나는 당신의 건강한 성인부분과 이야기하기를 원합니다. 나는 당신이 치료를 멈추어서는 안 된다고 말하고 싶습니다. 왜냐하면 당신은 결국 더 많은 문제를 가지게 될 것이기 때문입니다. 나는 당신이 지금 당장은 무엇도 하고 싶어 하지 않는다는 것을 이해합니다. 그러나 우리가 치료를 시작했을 때 당신은 이런 감정을 느꼈지만 그래도 앞으로 나아갔습니다. 지금 당장은 모든 것에 희망이 없어 보일지 모르나 당신의 건강한 성인은 이 상황이 지나갈 것이고 내가 당신을 도울 수 있다는 것을 알고 있습니다.

감정

건강한 성인은 다른 사람들과 느낌을 표현하고 공유할 수 있게 된다. 치료 중 어떤 방해도 없다면 치료자는 환자가 자신의 느낌을 표현하는 것을 쉽게 발견할 수 있는데, 함께 나누는 이야기를 통해 환자가 다른 사람들과의 관계에서 자신의 감정과 느낌을 어떻게 다루는지도 예측할 수 있다. 환자가 강력한 감정에 직면하게 되면 오래된 심리도식 중 하나가 작동하는 것을 탐색할 수 있으며, 자신의 이런 오래된 심리도식과 맞서려면 건강한 심리도식을 등장시킬 수 있다.

생각

건강한 성인은 부정적 느낌이나 충동적인 행동을 일으키는 생각들을 탐색할 수 있고 그것들을 논박할 수 있다. 환자는 대개 섬세한 방식으로 자신과 세상 전체에 대하여 생각할 수 있고 인지일지에 모든 것을 기록하지 않아도 머릿속에서 소크라테스식 대화법을 할 능력이 있다.

행동

환자는 우정을 유지하고 관계를 맺는 것과 같은 보통 성인의 생활방식에 적합한 여러 가지 다양한 활동에 참여한다. 환자는 자신의 일상을 채워나가기 위하여 일을 하거나 공부를 하거나 또는 다른 어떤 의미 있는 방식을 택한다. 건강한 성인은 환자가 계속 접촉을 유지하고 싶은 과거의 어떤 개인과 그렇지 않은 사람을 최종적으로 선택할 수 있다.

장애

치료의 초중반쯤에 치료자는 실제로는 방어자와 대면하고 있지만 건강한 성인과 이야기하고 있다고 착각하는 경우가 있다. 특히 합리화하거나 하찮게 보는 경향이 강한 방어자양식을 가지고 있는 환자는 치료자가 자신의 문제가 아주 심각한 것은 아니라고 믿게끔 한다. 이 상황에서 치료자는 환자의 행동이 치료초기의 심각한 병리적인 것과 일치하는지 환자에게 물어보아야 한다. 이 주제에 대해서 더 명확하게 하기 위해서는 환자의 감정을 확인해야만 한다(방어자양식에 대한 치료방법 중 '장애' 참조).

핀볼게임과 체스를 동시에 하기

    간단히 말해 치료자의 역할은 버림받은 아이는 지지하고, 화난 아이는 적절한 방식으로 분노를 표현하도록 가르치고, 방어자의 역할은 무력화시키고, 처벌적인 부모는 멀리 쫓아 보내고, 건강한 성인은 발전시키고 풍성하게 하도록 도와주는 것이다. 우리는 지금까지 치료자가 어떻게 이 목표들을 성취해 나갈 수 있는가를 각 양식별로 살펴보았다. 이러한 체계는 주어진 회기동안 치료를 해나감에 있어 어떤 양식을 다룰지에 대한 계획을 세우는 것이 쉬워 보이지만 불행히도 실제상황은 좀 다르다. 환자가 자신의 양식을 통제하지 못하는 것과 마찬가지로 치료자도 그럴 수 있다. 양식들은 어떤 특별한 순서 없이 나타났다가 사라지곤 하므로 가끔 환자는 핀볼게임의 볼처럼 예상치 못한 곳을 왔다갔다 하는 느낌을 갖는다. 볼이 튕겨지는 각각의 새로운 장소는 환자의 다양한 양식을 상징한다. 건강한 성인양식을 사용하여 환자가 원하는 쪽으로 볼을 보내도록 조절하는 방법을 배울 때까지 치료자는 평온함을 유지하면서 행동해야 한다. 치료를 하는 동안 새로운 양식은 매번 불쑥 나타나는데, 이 변화를 탐색하고, 그때그때 나타나는 양식에 이름을 붙이고, 치료전략을 세우는 것은 치료자에게 달려있다. 만일 이것을 지체한다면 치료자의 노력이 빛을 보지 못할 뿐 아니라 치료관계가 악화될 수 있고, 최악의 시나리오는 환자가 치료를 그만두는 상황도 생길 수 있다.

빠르게 바뀌는 양식들의 반응 사례

노라는 위협받는 상황(버림받은 아이)에 있다. 그녀는 우연히 과거에 관계가 깨져버린 사람을 만났고, 그 후 치료자와 논쟁을 벌인다.

T: (친절하게) 당신은 지금 굉장한 충격을 받은 것 같네요. 그를 만날 거라고는 전혀 예상하지 않았기 때문에 큰 충격을 받은 거죠.

P: 여기 밖으로 나가지 못 하겠어요. 그가 나를 기다리고 있을 것 같아요.

T: (재확인하며) 그가 당신을 다치게 할 까봐 두려운가요? 그것은 오래전 일이고 나쁜 일이 다시 일어나지는 않을 거라고 생각하지 않나요?

P: (자신이 너무 과장하고 있다고 치료자가 여긴다고 느낌) 예, 당신이 옳아요, 내가 또 과장하고 있고 모든 걸 너무 크게 부풀리고 있는거죠(처벌적인 부모).

T: (이것이 처벌적인 부모라고 즉시 알지 못함) 당신이 과장하고 있다고는 생각하지 않아요.

그러나 벌써 여러 해가 지났는데 과연 여전히 그가 당신을 해롭게 할까요?

P: 예, 맞아요. 이것에 대하여 과장해서 생각할 필요가 없죠. 다른 이야기로 넘어가요(방어자).

남은 치료시간 동안 두 사람은 다른 주제에 대해 논의하며 보낸다. 이것은 건강한 성인과의 이성적인 대화인 것처럼 보인다. 그러나 표면 아래에서는 앞서 이야기한 사람에 대한 두려움이 있다. 그녀는 거절의 두려움 때문에 이 주제를 다시 표면위로 가져오지 못한다. 회기가 끝날 무렵 이 두려움은 다시 나타난다.

P: 무사히 집으로 돌아갈 수 있을지 모르겠어요. 당신은 나를 도울 수 없어요(버림받은 아이).

T: (순간적으로 방어적이 됨 = 실패의 함정) 아, 당신이 더 이상 그것에 대하여 이야기하고 싶지 않다고 한줄 알았는데.

P: (방어자양식이 활성화되면서 말한다.) 글쎄요, 이런 종류의 상황에는 치료가 도움이 안 되는 것 같아요. 치료를 완전히 그만두는 것에 대하여 생각해봐야겠어요.

T: 이것은 우리가 다뤄야할 주제이군요. 다음 회기 때 이 주제를 가지고 시작할 수 있겠네요.

회기의 끝
치료자는 버림받은 아이를 다루고 있었다는 것을 깨닫는데 너무 오래 걸렸고, 그로 인해 환자의 방어자양식이 활성화 되는 결과를 낳았다. 이제 치료자는 버림받은 아이와의 연결을 놓칠 위기에 있다. 만일 환자가 다음 치료에 나타나지 않는다면, 치료자는 실수를 인정하고 그녀와 접촉을 위한 모든 시도를 하고, 그녀가 치료를 계속 받도록 확신을 주는 것이 매우 중요하다.

이 상황에서 복잡한 것은 양식들이 중첩되고 있다는 사실이다. 한 양식이 활성화 되는 동안 다른 양식들은 배경 속에 끊임없이 잠복해 있다. 모든 양식들은 치료자가 말하는 것을 듣는다. 다양한 양식들은 치료자가 말하는 것에 대해 환자의 내면에서 반응하는데, 이 때 환자는 '전쟁'같은 느낌이나 또는 머릿속의 혼란을 경험한다. 치료자의 관점에서 봤을 때 이 상황은 마치 다섯 명(또는 그 이상)의 사람들과 눈을 가리고 체스를 두는 것과 같다. 각 사람들(양식)은 각기 다른 체스판 위에서 움직인다. 이때 치료자는 머릿속에서 서로 다른 모든 판들을 주시하면서 사람들이 바뀌고 있음을 기억해야 한다.

다양한 양식들을 다루는 사례

노라는 처벌적인 부모양식으로 치료에 참여 한다. 그리고 자신에 대하여 부정적으로 말하기 시작한다.

P: 나는 이렇게나 실패했어요. 심지어 과제조차 할 수 없어요. 일주일 안에 하기로 했었는데 시작도 못했어요.

T: (친절하게) 내가 정확하게 들었다면 처벌적인 부모가 당신에 대하여 부정적으로 말하는 것처럼 보이네요.

P: 물론 그렇게 많은 실패를 했으니깐요.

T: 나는 그 말에 전혀 동의할 수 없어요. 우리 이 양식을 옆에 두고 이야기를 해 볼까요. 괜찮은가요?

(환자 고개를 끄떡이고, 두 사람 모두 처벌적인 양식을 위한 빈 의자를 바라본다.)

T: (단호한 목소리로) 나는 노라가 전혀 실패했다고 생각하지 않아요. 그리고 그런식으로 이야기하는 것은 도움이 되지 않아요. 상황을 나쁘게 만들 뿐이죠. 만약 당신이 계속한다면 그녀는 술을 다시 마시기 시작하고 그런 다음 엉망이 될 거에요. 그러니 당장 그만둬요. 나는 어린 노라와 무슨 일이 일어났는지 알아 볼 거예요.

이 순간에 치료자는 처벌적인 부모의 판 위에서 게임을 하는 것이다. 그런 다음 치료자는 이 양식을 다른 의자에 앉힌 상태에서 조용하라고 말한다. 이와 동시에 방어자와 버림받은 아이에게 치료자는 메시지를 전한다.

치료자는 방어자에게 말한다: "만약 이 상황이 계속된다면 당신은 다시 노라를 방어하게 되고 그러면 노라는 술을 마시기 시작할거에요."

치료자는 버림받은 아이에게 말한다. "나는 당신을 돕기를 원해요. 그래서 나는 처벌적인 부모에게 그만 하라고 이야기 했고 방어자에게 떠나라고 말했습니다."

만약 모든 것이 잘 진행된다면 어린 노라는 곧 치료자의 지지를 느낄 것이다. 치료의 남은 시간 동안 처벌적인 부모를 조용히 시키는데 성공한다면 어린 노라는 치료자와 이야기를 이어나갈 수 있고, 치료자는 그녀를 계속 지지하면서 그녀가 문제를 해결하도록 도울 수 있다. 만약 이 모든 것들이 계획대로 진행된다면 방어자양식은 분리된 판에서 이것을 들을 것이고, 이 시점에 자신이 필요하지 않음을 깨달을 것이다.

눈을 가리고 체스를 둘 때, 치료자가 이긴다는 것은 절대 쉬운 일이 아니다. 어떤 경우에는 지기도 하고 동점이 되기도 한다. 그러나 처벌적인 부모양식과의 시합에서 져서는 안 된다. 처벌적인 부모양식에게 패배하면 다른 모든 양식들과의 시합에서도 패하기 때문이다. 이런 일이 일어나게 되면 버림받은 아이의 판은 공포와 슬픔으로 채워지고 화난 아이의 판은 분노로 채워지며, 방어자의 판에는 뭔가가 옳지 않다는 것이 더 강하게 자리 잡게 된다. 어둠속에서 체스를 두는 것은 치료자에게는 힘든 일이다. 치료자는 자신의 덫(양식)에 걸리지 않기 위하여 전문성을 개발해야만 하며, 덫에 걸린 듯한 느낌이 들면 동료와 상의하는 시간을 갖고, 그런 다음 그가 멈췄던 곳에서부터 다시 치료를 시작해야 한다. 무엇이 잘못되었는지를 치료자와 환자가 함께 분석하는 것도 가능한데, 이런 경우 두 사람 모두 이러한 상황이 다시 일어났을 때 더 빨리 알아차릴 수 있다. 경계선 성격장애에 관한 지식과 기술은 매우 방대하므로 치료자는 그 복잡함에 혼란을 느낄 수 있다. 그래서 치료자는 유연하고 통찰력 있는 자질을 가져야만 한다. 이런 점에서 훌륭한 슈퍼비젼 그룹은 꼭 필요하다.

치료의
마지막 단계

Borderline Personality Disorder

행동패턴 변화시키기

심리도식양식이 더 이상 활성화 되지 않더라도, 심리도식과 대처방식을 계속적으로 다뤄야 하는 경우가 있다. Young(2003)은 "비록 환자가 어린 시절 부적응적인 심리도식을 통찰하고 인지적, 체험적 치료를 끝냈다 할지라도, 환자의 행동패턴이 바뀌지 않았다면 환자의 역기능적인 심리도식은 여전히 남아있을 것이다."라고 말했다. 환자가 본인의 심리도식을 대해왔던 방식은 중지되어야 한다. 예를 들어 노라는 어려운 일이 닥쳤을 때 이러한 것들은 중요하지 않다고 합리화 하면서 미루는 경향이 있어왔다. 심리도식과 대처방식에 대한 설명은 부록I와 J에서 참조할 수 있다.

환자는 치료자와 함께 바꿀 필요가 있는 목록을 만들고 중요한 순서로 배치할 수 있다. 여기에는 학업과 취직을 선택하는 것과 같은 아직 내리지 못한 중요한 결정도 포함된다. 만약 환자가 중요한 주제를 회피한다면 치료자는 이것을 목록에 포함시키라고 제안할 수 있다.

이 단계에서 치료자는 환자가 치료의 마지막 부분을 마칠 수 있도록 격려함으로서, 공감적 직면(empathetic confrontation)을 사용한다. 치료자는 여기에서 마지막 변화의 장단점을 환자가 발견하도록 돕는 것이 필요하다. 치료의 마지막 단계에서 새로운 행동을 훈련하고 과제를 수행하는 것은 매우 중요하다(부록H 참조). 두 개 이상의 의자기법과 심상 다시쓰기는 행동패턴의 변화를 이끌어 내는데 도움이 된다(5장 참조).

치료종결

치료의 마지막 단계에서 환자가 슬퍼하는 경우가 종종 있다. 환자는 자신의 부모가 변하지 않을 거라는 사실과 자신이 놓친 경험들과 어린 시절로 되돌아갈 수 없다는 사실을 받아들여야만 하기 때문이다. 환자는 자신의 부모 및 다른 가족구성원들과 새로운 관계(주로 덜 강렬한)를 원한다.

환자는 또한 천천히 치료자를 떠나보내고 자신의 힘으로 서기 시작한다. 치료 회기는 점점 줄어든다. 환자의 삶에 치료자는 오랫동안 믿을 수 있는 유일한 사람이었기 때문에 이 과정은 쉽지 않고 상당한 노력이 요구된다. 버림받음에 대한 두려움은 다시 생길것이고 환자는 이것을 스스로 다루어야 한다. 치료자 역시 환자와 강한 유대감을 가지고 있기 때문에 그에게도 이별하는 과정은 어렵다. 치료자는 환자 스스로가 자신의 공간을 가지고 자기 자신을 신뢰할 수 있도록 돌봐 주어야 한다. 자녀가 성장해서 떠나보내는 부모의 마음과 같이 치료자는 이 과정을 수행해야 하며 환자의 삶에 중요한 순간(예. 결혼, 출산, 부모님의 죽음과 관계위기 등)에 치료자는 카드를 보낼 수 있다. 환자가 다시 심각한 문제에 봉착했을 때 환자는 치료자의 도움을 요청할 수 있다. 이때는 보통 몇 회기만으로도 충분하다. 제한된 재양육의 관점에서 보면 치료를 공식적으로 마쳤다고 할지라도 환자와 치료자와의 관계가 지속되는 것은 중요하다.

　　Young에 의하면, 환자가 좋은(건강한) 파트너를 찾았을 때, 치료가 종결되었다고 본다 (Young, personal comments to author). 그러나 지금까지 논의한 사례의 주인공인 노라는 아직 친밀한 파트너를 만나지는 못했지만, 치료의 성공적인 점은 발견할 수 있다.

결 론

Conclusion

최근까지 많은 치료자들에 의하면 경계선 성격장애 환자들은 지속적인 안정이 불가능하다고 여겨졌다. 이 책에서 설명한 심리도식치료는 많은 환자들에게 단순한 안정보다는 중요하고 진정한 방향으로 성격이 변화하는 더 나은 결과를 만들어 내는 것으로 보여진다(Giesen-Bloo, 2006). 이 수행한 연구에 의하면 심리도식치료를 받은 환자들의 52%가 더 이상 경계선 성격장애의 기준을 충족하지 않았으며, 거의 70%가 신뢰할만한 향상을 보였다. 이들은 다른 사람과의 관계에 만족하였으며 규칙적으로 일하는 것이 가능해지고, 하루를 의미 있게 보낼 수 있게 되었다. 앞으로 남겨진 과제는 어떤 환자가 심리도식치료에 효과가 있고 어떤 환자가 그렇지 않은지를(물론 약을 사용한 환자들이 훨씬 더 변화가 적다) 연구하는 것이다.

과거에 경계선 성격장애를 겪었던 적이 있는 사람은 자신의 아동기 트라우마와 비슷한 상황에서 취약성을 나타낸다(예, 배우자를 잃음)는 인식이 있다. 그러나 최근의 뇌영상 연구에서 회복된 경계선 성격장애 환자들은 정상적으로 정서반응을 한다는 것이 밝혀졌다. 이들에게 잠재적 취약성은 남아 있을 수 있지만 도움이 필요한 상황에 처하게 되었을 때, 이들은 몇 번의 치료만으로도 정상적인 생활로 되돌아가는 임상적 효과를 낼 수 있다. 위기상황에서 예전에 함께 했던 치료자로부터 도움을 받는 것은 중요한 부분이다. 치료자는 환자를 잘 알고 있고 어떤 심리도식이 활성화 되는지 쉽게 찾아내어 안심시킬 수 있다. 또한 치료자는 환자가 과거의 문제를 어떻게 극복했는지 잘 알고 있으며, 어떤 건강한 대처방식이 가장 적합한지와 이러한 대처방식이 활성화 되도록 도울 수 있다. 앞으로의 과학적 연구에서는 재발을 유발하는 요인을 찾는 것이 필요하다.

심리도식치료를 사용하는 치료자들은 경계선 성격장애 환자들과 체험적 기법을 함께 하는 것을 즐겁게 여기는 경향이 있는데, 이것은 환자를 더 잘 이해할 수 있게 하고 환자들에게 도움을 줄 가능성을 높인다. 그러나 체험적 기법은 쉬운 작업이 아니어서, 10명의 경계선 성격장애 환자들에게 모두 체험적 기법을 사용하여 도울 수 있다고 말하기는 무리이다. 하지만 10명 중 최소 4~5명은 체험적 기법으로 가장 문제가 있는 부분을 다루는데 도움을 줄 수 있다고 본다. 아직 집단을 대상으로 심리도식치료를 사용하는 것은 개발 중이지만, 심리도식치료는 경계선 성격장애 치료의 가능성을 더 확장시키게 될 것이다.

무엇이 경계선 성격장애인가?

　경계선 성격장애가 있는 사람들은 기분이 쉽게 변하는 문제를 갖고 있다. 기분이 쉽게 변하기 때문에 삶의 거의 모든 부분에서, 특별히 대인관계에서 문제를 경험한다. 대개 이들은 자신이 누구인지 또는 자신이 무엇을 원하는지 모른다. 또한 매우 충동적인 방법으로 행동하는 경향이 있다. 이들은 분노의 감정폭발을 자주 경험하며 위기도 자주 발생한다. 경계선 성격장애를 갖고 있는 사람들은 왜 기분이 쉽게 변하여 통제할 수 없는 상태를 갖게 되는지 모른다. 사소한 문제를 크게 만들고 그 결과로 두려워하거나 화나게 된다. 경계선 성격장애가 있는 많은 사람들은 지적이거나 창의적이지만 이들은 좀처럼 이러한 재능을 살리지 못한다. 대개 정규교육을 마치지 못하고 자신의 능력에 미치지 못하는 일을 하며, 어떤 경우 자신을 해하는 위험으로 치닫기도 한다. 연구에 의하면 다른 성격장애보다 더 높은 자살위험을 보이며 감정에 휩싸여서 다양한 물질(예, 약물이나 알코올)을 남용하는 것으로 밝혀졌다.

심리도식치료란 무엇인가?

　심리도식치료는 인지행동치료와 다른 치료를 결합한 형태의 치료이다. 환자들이 경험하는 현재의 문제뿐만 아니라 환자의 과거와 문제의 근원을 다룬다.

심리도식치료의 관점에서 경계선 성격장애의 설명

　심리도식치료에서 자신과 타인 그리고 자신을 둘러싼 세상에 대한 신념이 어린시절동안 형성된다고 가정한다. 이러한 신념은 성인이 되어서도 다양한 상황을 경험할 때마다 영향을 미친다. 만약 당신이 어린시절동안 아무 도움이나 지도를 받지 못했다면, 예컨대 정서적으로 방치되었다면, 당신 자신과 다른 사람들 그리고 당신 주위의 세상에 관한 중요한 사항을 배운다는 것은 불가능했을 것이다. 나아가 신체적으로 또는 성적으로 학대 받았다면 정상적 발달을 위한 기회는 훨씬 더 방해를 받았을 것이다. 자신을 부분적으로만 발달시키게 되면 자신을 부분적으로 밖에 표현하지 못하며, 이것은 자신을 전체로서 경험하지 못하는 결과에 이르게 한다. 이러한 각기 다른 자신의 부분들을 심리도식 양식(schema mode) 또는 심리도식 상태(schema states)라고 한다. 경계선 성격장애를 갖고 있는 대부분의 사람들은 5개의 심리도식양식을 가지고 있다(버림받은/학대받은 어린아이, 화난 어린아이, 처벌적인 부모, 거리를 두는 방어자와 건강한 성인양식). 즉 학대받거나 또는 방치된 어린 시절의 특징이 있는 2개의 아이양식을 갖고 있으며, 심리도식 양식은 매우 고집스럽고 통제할 수 없는 감정과 확고한 신념을 가진 어린아이와 같은 행동을 보인다. 다른 3개의 양식은 성인양식의 특징으로서 건강한 성인양식을 제외한 처벌적이고 방어적인 양식은 도움을 주기 위하여 나타나지만 실제로 전혀 도움이 되지 않는다. 건강한 성인으로의 발전에 이 양식들은 방해만 될 뿐이다.

버림받고 학대받은 아이

이 양식의 상태에 있으면, 당신은 버림받고, 무기력하고, 겁먹고 위협받은 느낌을 가지게 된다. 당신은 끔찍한 일이 일어날 것이라 생각하며 믿을 수 있는 사람은 어느 누구도 없고 도움 받을 가능성도 없다고 여긴다.

화난 아이

만약 당신이 너무 화가 나서 자제력을 잃는다면 화난 아이양식이 활성화 된 것이다. 당신은 부당한 대우를 받고 있고 잘못되었다는 것을 느낄 때, 공격이 최선의 방어라고 생각하게 된다. 불공정한 세상에 대항하여 당신의 욕구를 만족시키고자 하는 바람으로 당신은 매우 충동적으로 될 수 있다.

처벌적인 양식

이 측면은 당신의 어린 시절에 돌봐주었던 한 명 또는 그 이상의 사람이 언어적으로 학대를 하는 양식이다. 처벌적인 양식은 당신의 감정을 무시하고 당신이 행한 모든 실수, 심지어 부득이한 사건까지도 처벌받아 마땅하다고 생각한다. 이 양식은 당신이 나쁘고, 멍청하고, 게으르고, 못생겼다고 느끼게 하며, 심지어 당신이 존재해서는 안 될 것 같은 느낌을 강하게 갖도록 한다. 처벌적인 양식은 모든 아이양식에게 명령한다.

거리를 두는 방어자

처벌적인 양식 뿐만 아니라 아이양식 둘 다 때때로 견딜 수 없는 매우 강한 감정을 수반한다. 방어자는 당신이 이러한 감정을 피하도록 돕는다. 하지만 언젠가 이것은 당신이 공허하거나 '아무것도 아닌' 느낌을 갖도록 하며, 이러한 감정을 없애기 위하여 물질(약물, 알콜)을 남용하게 한다. 거리를 두는 방어자는 어떤 누구도 당신을 해치지 못하도록 다른 사람들로부터 당신을 차단한다.

건강한 성인

이 양식은 감정을 잘 조절하고 문제를 해결하도록 한다. 하지만 많은 일들이 어린 시절에 잘못 되었고, 건강한 성인양식을 발달시키는데 충분하지 않았으며, 종종 당신이 가장 필요로 할 때 존재하지 않았다.

심리도식치료의 목표

심리도식치료의 목표는 건강한 성인을 강화시키고, 아이양식의 분노폭발을 두려워하지 않은 채, 강렬한 감정을 다루도록 가르치는 것이다. 처벌적인 양식은 더 이상 필요하지 않으며 정상적인 가치와 기준으로 대치될 것이다. 거리를 두는 방어자는 처벌적인 양식이 사라짐에 따라 점차적으로 나타날 필요성을 느끼지 못하게 되고 더 이상 갑작스러운 감정으로 인해 압도되지도 않는다.

치료는 무엇으로 구성되었나?

치료는 앞에서 기술된 목표를 이루기 위한 다양한 방법으로 구성되어 있다.

치료자와의 관계

치료자는 당신이 어린 시절에 배우지 못했던 것들을 배우도록 돕는다.

치료자는 당신을 처벌하는 대신 지지하고 이해하려고 하며, 이로 인해 당신은 타인을 신뢰하는 법을 배울 수 있다. 대부분의 경우 신뢰는 어린 시절 오랜 기간에 걸쳐 파괴되었기 때문에 이러한 신뢰경험은 매우 중요하다.

체험적 기법들

감정을 경험하고 표현하는 것은 억압되고 방해받아왔다. 치료자는 잠깐 동안 당신에게 눈을 감고 과거의 상황으로 돌아갈 것을 요청할 수 있으며, 당신에게 실제로 그때 무슨 일이 일어났으면 좋았을 지를 묻고, 당신이 필요로 하는(당신의 이미지에서) 것을 표현하도록 돕고, 학대를 중단시킨다. 그 결과 문제는 당신의 감정과 갈망에 대한 반응이지, 감정과 갈망 그 자체는 지극히 정상이라는 것을 배운다.

인지적 기법들

인지적인 치료는 어린 시절과 그 후 삶의 부정적 경험으로 악화된 자신, 타인 그리고 세상에 대한 신념을 다루며, 이러한 사고양식에 반대되는 증거를 찾는 방법이 많이 사용된다. 많은 경우 치료자들은 상반되는 두 가지 관점에 대한 토론을 제안할 수 있다. 당신이 한 입장을 방어하면 치료자는 다른 입장을 방어하며, 역할을 바꾸어 당신이 반대의견의 방어를 시도하는 식으로 진행된다. 이 방법은 각각의 관점들을 좀 더 잘 이해할 수 있도록 해준다.

행동적 기법들

감정과 사고가 변하게 되면 새로운 결과를 내기 위한 새로운 행동이 요구된다. 행동적 기법들은 일반적으로 새로운 행동을 이끌어 내기 위한 훈련으로 구성된다. 당신이 자신의 의사를 표현하는 법을 결코 배운 적이 없다면 먼저 치료자와 이 기술을 연습한 후에 치료 밖의 상황에서 연습한다.

당신은 무엇을 기대할 수 있는가?

설명한 기법들은 당신 자신의 자아이미지를 더 긍정적으로 이끌고, 누구가를 신뢰할 수 있는지 없는지를 구분하는 법을 가르치며, 문제를 다루는 데에는 최선의 방법으로 당신을 이끈다. 당신의 다양한 양식들은 더 협력할 것이고 건강한 성인을 발전시킬 것이다. 오랫동안 문제가 있어왔고 당신의 발전은 계속 방해받아왔기 때문에, 당신에게 많은 (최소한 2~3년 정도의 긴) 시간과 그 외 여러 가지가 요구될 수 있다. 인내심을 가지고 치료자를 따르면서 당신의 문제를 이야기 한다면 당신은 반드시 좋아질 것이다.

양식에 대한 인지일지 Cognitive Logbook for Modes

사건 (무엇이 나의 반응을 촉발시켰는가?)
감정 (나는 어떤 기분을 느꼈는가?)
생각 (나는 어떤 생각을 하였나?)
행동 (나는 어떤 행동을 하였나?)
자신에 대한 5가지 양식 이 상황에서 어떤 양식이 작용하였는가? 당신이 알아차린 양식에 밑줄을 긋고 설명하시오. 1. 방어자 2. 버림받은/학대받은 아이 3. 화난/충동적인 아이 4. 처벌적인 부모 5. 건강한 성인
정당한 반응 (나의 반응의 어떤 부분이 정당했나?)
과잉반응 (어떤 반응이 너무 과도했는가?) 어떤 방식으로 지나치게 행동했거나 상황을 잘못 판단했는가? 어떤 양식이 상황을 더 악화되게 하였는가?
원했던 반응 어떻게 이런 상황을 다룰 수 있기를 원합니까? 이 상황을 해결하기 위하여 나는 무엇을 할 수 있었을까?
느낌

C 부록

긍정일지 Positive Logbook

당신 자신이나 다른 사람을 긍정적으로 만든 활동이나 경험을 적어봅니다. 이 모든 정보는 처벌적인 양식을 약화시키고 건강한 성인양식을 강화시킬 것입니다.

날짜:

주제:

날짜:

주제:

날짜:

주제:

날짜:

주제:

날짜:

주제:

과거력 검사 Historical Testing

처벌적인 부모가 옳지 못하고 어린아이가 지지받았어야 하는 경험을 적으세요.
0-2세
3-5세
6-12세
13-18세
19-25세
25-35세
36-50세 이상
요약:

실험 Experiment

치료자를 위한 안내

실험 계획하기

1. 실험이 도움이 되는지를 환자와 함께 결정한다.

2. 이론은 신념이 반증가능한지만을 실험할 수 있다.

3. 만약 희망한다면 대안이론들을 만든다.

4. 가까운 미래에 일어날 신념과 관련된 구체적인 상황을 환자와 함께 결정한다.

5. 신념을 명확하게 실험할 구체적인 행동을 환자와 함께 결정한다(즉, 어떤 것이 반증가능하게 하는지).

6. 5번에서 언급된 행동이 일어날 장소를 환자가 예측하도록 한다.

7. 행동에 대한 구체적 결과는 신념의 타당성 또는 반증의 증거로 제공될 것을 설명한다.

8. 사전에 새로운 행동을 시도할 장소와 시간을 합의하고 환자는 주의를 기울여야 하며, 이러한 훈련을 시도하는 것에 관하여 굉장한 두려움을 예상해야 한다.

9. 이것은 실험이며 실험은 실패하지 않는다는 것을 기억하라!

실험의 평가

1. 실험은 실패할 수 없다는 것을 잊지 마라! 하지만 실행불가능하거나, 잘못 실행되거나, 또는 잘못 계획될 가능성은 있다.

2. 그것을 실행하는 시도를 보여준 환자의 용기에 공감해주고, 실험 후에 스트레스를 날려버릴 수 있도록 한다.

3. 실험의 상황, 행동, 구체적 결과를 말하도록 환자에게 요청한다.

4. 실험의 구체적인 결과에 기초하여, 예측이 잘못된 것인지 아닌지를 토의한다. 잘못된 해석을 피하도록 조심하라.

5. 결과를 요약하고, 실험된 신념을 환자와 함께 재평가한다.

주의할 점

1. 새로운 행동의 중요한 요소가 실행되지 않는 것.
2. 실험이 신념에 결정적인 답을 제공할 수 없는 경우.
3. 환자의 신념이 정확하게 표현되지 않는 것.
4. 환자가 결과를 부정하는 경우. 그 이유를 찾고 잘못된 해석을 경계한다. 핵심적인 실험을 계획할 때 환자를 초대한다.
5. 치료자가 실험의 구체적 결과에 너무 연연하는 것.

날짜:
원래 사고의 신뢰도
대안 사고의 신뢰도
행동실험: 내가 무엇을 할 것이며, 어떻게 그것을 할 것인가?
어떤 결과가 원래 사고를 지지하는가?
어떤 결과가 대안 사고를 지지하는가?
결과 : 행동실험이 어떻게 진행되었나?   어떤 결과가 원래 사고를 지지하는 것으로 나타났고, 어떤 결과가 대안 사고를 지지하는 것으로 나타났는가?
원래 사고의 신뢰도   대안 사고의 신뢰도
이 실험을 통해 내가 배운 것은 무엇인가?
이 실험으로 인해 어느 양식(mode)이 변화됐으며 어떻게 변화되었는가?

E 부록

과제 양식 Homework Form

자신이 수행하기를 원하는 과제는?
언제 과제를 할 것인가?
할당된 과제를 할 때 발생할 수 있는 잠재적인 문제는 무엇인가? 1. 2. 3.
이 문제들을 해결하기 위한 방법 1. 2. 3.
결과:
양식(modes)의 영향 :
사전에 생각하지 않은 문제는 무엇이며 그것을 어떻게 다루었나?

문제해결 Problem Solving

무엇이 문제인가?
내가 성취하기를 원하는 것은 무엇인가?
어떤 양식이 문제해결을 방해할 것 같은가? 1. 2.
어떤 생각이 문제해결을 방해할 것 같은가? 1. 2.
어떤 대안적 생각이 문제해결을 돕는가? 1. 2.
이 문제를 위하여 내가 생각할 수 있는 해결방법은 무엇인가? 1. 2. 3. 4. 5. 6. 각각의 해결책에 대한 장단점 목록
내가 선택한 해결방법은 무엇이며 왜 그것을 선택하였는가?
어떻게 처리하였는가? 결과는 어떠했으며 나의 목표는 성취하였는가?
결과에 영향을 준 양식(modes)은 무엇인가?
최종적으로: 어떤 해결 방법을 시도할 것인가?
결과:

행동패턴 변화시키기 Changing Behavioural Patterns

나의 행동 중에서 다루기를 원하는 행동패턴은?
이 행동은 어떤 상황에서 자주 일어나는가?
상황의 결과가 좋지 않을 때 무엇을 하는가?
생활규칙이나 사고방식에서 어떤 양식이 중요한 역할을 하는가?
이 양식에 대한 반대논의는 무엇인가? 생활규칙과 사고방식에서?
이 상황에서 더 나은 목표를 지향하는 새로운 행동은 무엇인가?
이 새로운 행동을 시도하였을 때 어떤 방식으로 실행했는가?
더 건강한 새로운 생활규칙 만들기

18개의 심리도식

여기서는 Young, Klosko와 Weishaar(2003)의 18가지 심리도식을 요약하여 설명한다. Young은 자신의 저술에서 심리도식치료와 심리도식의 의미에 대해 자세히 다루었다. 18가지 심리도식을 5개의 범주로 분류하였고, 심리도식을 설명하기 전에 범주에 대하여 간략하게 기술하였다.

단절 및 거절 Disconnection and Rejection

이들은 자신의 주변을 안전하거나, 예측할 수 있다고 생각하지 않는다. 더 나아가 자신은 다른 사람들로부터 신뢰, 지지, 공감과 존중을 받지 못하고 있다고 가정한다. 이들은 냉대와 거절하는 가족의 기원을 가지고 있고 외롭고 정서적으로 지지받지 못하였다. 심지어 기본적인 돌봄도 결핍되었다. 이들의 부모(양육자)는 예측할 수 없고, 무관심하거나 학대하였다.

1. 유기/불안정 Abandonment/instability

이들은 정서적 애착관계에 있는 누군가를 곧 잃을 것이라고 생각한다. 자신의 모든 친밀한 관계는 결국 끝날 것이라고 믿는다. 자신을 지지하거나 자신에게 헌신하는 중요한 타인들을 믿을 수 없고 예측 불가능한 것으로 여긴다. 자신에게 중요한 사람이 죽거나 또는 결국 자신을 버릴 것이라고 생각한다. 자신이 먼저 관계를 끝내고 홀로 남는다.

2. 불신/학대 Mistrust/abuse

이들은 다른 사람들이 결국에는 자신을 이용할 것이라고 믿는다. 또한 다른 사람들이 고의로 자신을 해치고, 속이고, 교묘하게 조정하며 창피를 준다고 생각한다. 그리고 본인은 항상 부당한 취급을 받는다고 여긴다.

3. 정서적 결핍 Emotional deprivation

이들은 자신의 기본적 감정욕구들이 충족되지 않았을 뿐만 아니라 불충분하였다고 생각한다. 이러한 욕구들은 신체적 돌봄(physical care), 공감(empathy), 애정(affection), 보호(protection), 우정(companionship)과 보살핌(care)이다. 가장 일반적인 결핍된 정서형태는 다음과 같다.

양육 결핍: 관심이나, 따뜻함이나 우정이 없음.

공감 결핍: 아무도 들어주는 사람이 없고, 이해해주거나 감정을 같이 나눌 사람이 없음.

보호 결핍: 어느 누구도 충고나 지도를 해주지 않음.

4. 결함/ 수치심 Defectiveness/shame

이들은 자신을 본질적으로 불완전하고 나쁘다고 느낀다. 다른 사람들이 자신을 좀 더 알게 되면 더 이상 자신을 원하지 않을 것이라고 생각한다. 이들은 어느 누구도 자신에게서 사랑할 가치를 찾지 못할 것이라고 생각한다. 이들은 타인의 판단을 지나치게 신경쓰고, 지나치게 자기 자신을 의식하고, 부적절하게 느낀다. 이러한 불완전하고 부적당한 감정은 자주 강한 수치심의 결과를 가져온다. 결함/수치심은 내부('부정적' 갈망)와 외부(사회적 부적격자가 되거나 원하지 않는 신체적 외모)자아의 모습과 관련 있다.

5. 사회적 고립/소외 Social isolation/alienation

이들은 세상으로부터 고립되어 있다고 느끼며, 자신은 모든 사람들과 다르며 어떤 곳에도 맞지 않는다고 느낀다.

손상된 자율성 및 수행 Impaired Autonomy and Performance

이들은 자신에게 독립적으로 수행하는 능력과 기능이 없다고 생각하며 자신을 과도하게 보호하여 자유롭지 못하고 의존하게 한 가족의 기원을 가지고 있다.

6. 의존/무능감 Dependence/incompetence

이들은 독립적이지 못하고, 일상의 책임을 수행할 수 없다. 일상의 간단한 문제를 결정한다 거나 새로운 것을 시도하는 것을 다른 사람들에게 상당부분 의존한다. 이들은 전적으로 무력하다.

7. 위험 또는 질병의 취약성 Vulnerability to harm or illness

무엇인가 끔찍한 일이 자신에게 일어날 것이며, 임박한 재앙으로부터 자기 자신을 보호할 수 있는 것은 전적으로 아무것도 없다고 확신한다. 이들은 재난뿐만 아니라 의학적, 심리학적 재 앙에 대한 두려움을 갖고 있다. 또한 재앙을 피하기 위하여 과도한 경계를 갖는다.

8. 융합/미발달된 자기 Enmeshment/undeveloped self

이들은 한 명 또는 더 많은 양육자와 과도하게 연결되거나 소속되어 있다. 과도한 연루는 이 들의 정체성 발달을 불가능하게 한다. 가끔 이들은 다른 사람이 없으면 존재할 수 없다는 생각에 공허감과 절망을 느낀다.

9. 실패 Failure

이들은 경력, 학력 또는 스포츠 등에 관하여 자신은 다른 동료들과 같은 수준으로 할 수 없 다고 믿는다. 자신이 어리석고, 바보이고, 재주가 없으며 멍청하다고 느낀다. 성공하기 위한 어 떤 일도 시도조차 하지 않으며 그러한 일을 성공적으로 할 수 없을 것이라고 여긴다.

손상된 한계 Impaired Limits

이들은 적합하지 않은 경계, 책임감과 욕구불만을 가지고 있다. 현실과 전혀 맞지 않는 장 기목표를 설정하고 다른 사람들과 일을 할 때 타인을 힘들게 하기도 한다. 이들은 자신을 거의 지 도하지 않았거나 자신이 세상에서 최고라고 여기는 가족의 기원을 가지고 있다. 이들의 부모는 이들에게 한계를 거의 두지 않았고 이들이 힘든 시기를 보내는 동안 인내하도록, 그리고 타인을 배려하도록 격려하지 않았다.

10. 특권의식/과대권능 Entitlement/grandiosity

이들은 자신이 다른 사람들보다 우수하거나 특별하고, 자신만이 옳다고 생각한다. 자신은 타인보다 우월하기 때문에 '일반적인' 규칙을 따를 필요를 느끼지 않는다. 다른 사람을 고려하지 않은 채, 자신이 원하는 것을 한다. 여기에서 중요한 주제는 상황과 개인을 넘어선 힘과 통제이다. 이들은 타인을 공감하지 못한다.

11. 부족한 자기통제/자기훈련 Insufficient self-control/self-discipline

이들은 자신의 목표성취를 위하여 어떠한 좌절도 인내하지 못한다. 이들은 충동이나 감정을 참아내는 능력이 없고 불편한 것과 불쾌감(고통, 노력, 논쟁)을 피하려고만 한다.

타인 중심성 Other-Directedness

이들은 항상 타인의 요구를 들어주거나 자신의 욕구를 참는다. 그렇게 하는 것은 다른 사람으로부터 승인을 얻거나 사랑을 받기 위한 것이다. 이들은 자신이 어떤 조건일 때만 받아주는 가족의 기원을 가지고 있다. 아동의 개별적 인성보다는 부모의 욕구나 신분이 우선적으로 받아들여졌다.

12. 복종 Subjugation

이들은 부정적 결과를 피하기 위하여 다른 사람의 의지에 자신을 맞춘다. 여기에는 상대를 위해 자신의 모든 욕구나 감정을 참는 것도 포함된다. 이들은 다른 사람을 위하여 자신이 바라는 것, 생각, 감정을 보살피지 않는데, 이것은 종종 울화로 변하여 부적당한 방법(예를 들어 수동-공격 또는 심신증상)으로 표현된다. 욕구의 복종과 감정의 복종, 이 두 가지는 서로 구별되는데 보통은 함께 나타난다.

13. 자기희생 Self-sacrifice

이들은 자신보다 더 못한 타인을 위하여 자발적으로 그리고 규칙적으로 자신의 욕구를 희생

한다. 만약 자신의 욕구를 돌본다면 그것에 대하여 죄책감을 느낀다. 이들은 다른 사람의 고통에 과도하게 민감하다. 자신의 욕구는 늘 충족되지 못하기 때문에 이들은 결국에는 자신이 돌보는 타인을 원망하게 된다.

14. 승인추구/인정추구 Approval-seeking/recognition-seeking

이들은 과장된 태도로 승인과 인정을 추구한다. 이를 위해 자신의 성장과 욕구를 대가로 지불한다. 이것은 때때로 인정과 칭찬을 얻기 위한 신분상승과 사회적 승인 그리고 아름다움의 과도한 욕망으로 귀결된다.

과잉경계 및 억제 Overvigilance and Inhibition

이들은 자신의 자발적인 감정과 욕구를 억압하고 자신이 설정한 엄격한 규칙을 따른다. 이를 위해 자기를 표현하는 것과 이완의 느낌을 희생한다. 이들의 가족은 성취, 완벽, 감정의 억압을 강조한다. 양육자는 비판적이고, 비관적이며 윤리적인 동시에 거의 성취할 수 없는 높은 기준을 설정한다.

15. 부정성/비관주의 Negativity/pessimism

이들은 항상 긍정적 측면을 최소화하고 무시하면서 부정적 측면만을 바라본다. 비록 어떤 것이 잘되어간다 해도 결국에는 모든 것이 나빠질 것이라고 믿는다. 이들은 모든 것이 결국에는 잘못될 것이라 확신하며, 끊임없이 걱정하고 과도하게 경계를 한다. 또한 자주 불평하고 어떤 결정도 감히 내리지 못한다.

16. 정서적 억제 Emotional inhibition

이들은 항상 자신의 감정이나 충동을 숨기고 있다. 이것들을 표현하는 것은 타인에게 손해를 끼치거나, 수치심과 버림받음을 유발하거나, 자존감을 잃어버리게 한다고 생각하기 때문이다. 이것은 모든 자발적인 표현을 억압하며 문제에 대한 논쟁 뿐만 아니라 화, 기쁨도 억압한다. 이들은 이성을 강조한다.

17. 엄격한 기준/과잉판단 Unrelenting standards/hypercriticalness

이들은 자신이 결코 충분치 못하고 고된 노력을 해야만 한다고 믿는다. 이들은 비판을 피하기 위하여 평범하지 않은 높은 수준을 설정하며 만족해한다. 자기 자신 뿐만 아니라 주위의 다른 사람에 대해서도 비판적이다. 이러한 것은 완벽주의자, 엄격한 규칙, 효율성과 시간에 사로잡히는 결과를 낳는다. 또한 이들은 이것을 위해서 즐기고, 이완하고, 사회적 접촉을 유지하는 것을 희생하게 된다.

18. 처벌 Punitiveness

이들은 누구나 잘못하면 혹독한 처벌을 받아야만 한다고 느낀다. 그리하여 공격적이고, 너그럽지 못하고, 오래 참지 못하며, 실수에 대해 용서가 없다. 개인의 환경이나 감정에 대하여 고려하지 않는다.

대처방식 Coping Strategies

　　대처방식은 심리도식을 다루기 위한 메커니즘이다. 모든 유기체는 위험할 때 얼어붙음(freeze), 도망(flight), 싸움(fight)의 3가지 대처방식을 갖고 있다. 심리도식과 직면하게 될 때 개인은 3가지 방식 중에 하나로 반응한다.

　　Young, Klosko와 Weishaar(2003)에서 심리도식의 3가지 대처방식을 자세히 설명하였으므로 부록에서는 간단히 설명한다.

굴복 Surrender (Freeze)

　　이들은 자신의 심리도식과 일치하는 행동을 하고 사고와 감정을 적절하게 적응시킨다. 이 행동은 심리도식을 강화시킨다.

행　동: 승인과 의존
사　고: 선택적 정보처리. 심리도식의 존재를 지지하는 정보만을 중요시함.
감　정: 심리도식으로부터 오는 고통의 감정을 직접적으로 느낌.

회피 Avoidance (Flight)

　　이들은 심리도식을 촉발시키는 감정을 수반하는 활동을 회피한다. 심리도식은 반응하지 않을 것이나 결과적으로 올바른 경험은 일어날 수가 없게 된다.

행　동: 심리도식이 활성화 될지도 모르는 모든 상황에서의 적극적인 또는 소극적인 회피.
사　고: 기억과 상황의 부정.
감　정: 부정 또는 무감각(자해 그리고 물질남용 포함).

과잉보상 Overcompensation (Fight)

이들은 갖고 있는 문제로부터 달아나기 위하여 심리도식과 완전히 반대로 행동한다. 심리도식의 영향을 과소평가하고 과도한 주장이나 독립적 행동을 자주한다.

행 동: 반대행동을 과도하게 함으로써 위험에 빠진다.
사 고: 심리도식의 부정
감 정: 이들은 불쾌한 감정과 관련된 심리도식을 반대의 감정으로 가린다(즉 무력함을 힘으로 숨기고, 열등감을 자신감으로 숨긴다). 하지만 과잉보상이 실패(병이나 패배)할 때 불쾌한 감정으로 돌아간다.

Admas, H.E., Bernat, J.A. and Luscher, K.A. (2001) Borderline personlity disorder: an overview, in *Comprehensive Handbook of Psychopathology*, 3rd edn(eds P.B. Sutker and H.E. Adams), Kluwer Academic/Plenum Publishers, New York.

American Psychiatric Association (APA) (2000) *Diagnositc and Statistical Manual of Mental Disorders Text Revision (DSM-IV-TR)*, 4th edn, American Psychiatric Association, Washington, DC.

Arntz, A. (1999) Do personality disorder exist? On the validity of the concept and its cognitive-behavioral formulation and treatment. *Behaviour Research and Therapy*, **37**, 97-134.

Arntz, A. (2004) Borderline personality disorder, in *Cognitive Therapy of Personality disorders*, 2nd edn (eds A. T. Beck, A. Freeman, D.D. Davis and Associates), Guilford, New York, pp. 187-215.

Arntz, A. and Bögels, B. (2000) *Schemagerichte Cognitive Therapie voor Persoonlijkheidsstoornissen, Praktijkreeks Gedragstherapie*, Bohn Stafleu Van Loghum, Houten, the Netherlands.

Arntz, A. and Dreessen, L. (1995) BPD checklist. Maastricht University, internal document.

Arntz, A., Dreessen, L., Schouten, E. and Weertman, A. (2004) Beliefs in personality disorders: a test with the personality disorder belief questionnaire. *Behaviour Research and Therapy*, **42**, 1215-25.

Arntz, A. and Weertman, A. (1999) Treatment of childhood memories: theory and practice. *Behaviour Research and Therapy*, **37**, 715-40

Arntz, A., van den Hoorn, M., Cornelis, J. *et al.* (2003) Reliability and validity of the borderline personality disorder severity index. *Journal of Personality Disorders*, **17**, 45-59.

Asselt, A.D. van, Dirksen, C.D., Arntz, A., Giesen-Bloo, J.H., Dyck, R. van, Spinhoven, P., Tilburg, W. van, Kremers, I.P., Nadort, M. and Severens, J.L. (2008) Outpatient psychotherapy for borderline personality disorder: lost effectiveness of schema-focused therapy vs. transference-focused psychotherapy. *British Journal of Psychiatry*, **92**, 450-7.

Ball, S.A. and Cecero, J.J. (2001) Addicted patients with personality disorders: traits, schemas, and presenting problems. *Journal of Personality Disorders*, **15**, 72-83

Beck, A.T., Freeman, A., Davis, D.D. and Associates (2004) *Cognitive Therapy of Personality Disorders*, Guilford Press, New York.

Beck, A.T. (2002) *Cognitive Therapy of Borderline Personality Disorder and Attempted Suicide*. Paper presented at the 1st annual conference of the Treatment and Research Advancements Association for Personality Disorders, December 2002, Bethesda, MD.

Beck, J.S. (1995) *Cognitive Therapy: Basics and Beyond*, Guilford, New York.

Brown, G.K., Newman, C.F., Charlesworth, S.E. *et al.* (2004) An open clinical trial of cognitive therapy for borderline personality disorder. *Journal of Personality Disorders*, **18**, 257-71.

Burn, D.D. and Auerbach, A. (1996) Therapeutic empathy in cognitive-behavioral therapy: does it really make a difference? in Frontiers of Cognitive Therapy (ed. P. M. Salkovskis), Guilford, New York, P.135.

Butler, A.C. Brown, G.K., Beck, A.T. and Grisham, J.R. (2002) Assessment of dyfunctional beliefs in borderline personality disorder. *Behaviour Research and Therapy,* **40**, 1231-40.

Dressen, L. and Arntz, A. (1998) The impact of personality disorder on treatment outcome of anxiety disorder: best-evidence synthesis. *Behaviour Research and Therapy,* **36**, 483-504.

Giesen-Bloo, J., Arntz, A. and Schouten, E. (2008) Reliability and validity of the Borderline Personality Disorder checklist. (submitted)

Giesen-Bloo, J., van Dyck, R., Spinhoven, P., van Tilburg, W., Dirksen, C., van Asselt, T., Kremers, I., Nadort, M. and Arntz, A. (2006) Outpatient psychotherapy for borderline personality disorder: randomised trial of schema-focused therapy vs transference-focused psychotherapy. *Archives of General Psychiatry,* **63**, 649-58

Giesen-Bloo, J., Wachters, L., Arntz, A. and Schouten, E. (2008) Assenssment of borderline personality disorder with the Borderline Personality Disorder Severity Index-IV: psychometric evaluation and dimensional structure. (submitted)

Herman, J.L., Perry, J.C. and van Kolk, B.A. (1989) Childhood trauma in borderline personality disorder. *American Journal of Psychiatry,* **146**, 490-5.

van IJzendoorn, M.H., Schuengel, C. and Bakermans-Kranenburg, M.J. (1999) Disorganized attachment in early childhood: meta-analysis of precursors, concomitants, and sequelae. *Development and Psychopathology,* **11**, 225-49.

Kernberg, O.F. (1976) *Object Relations Theory and Clinical Psycho-Analysis,* Jason Aronson, New York.

Kernberg, O.F. (1996) A psychoanalytic theory of personality disorders, in Major Theories of Personality Disorder (eds J.F. Clarkin and M.F. Lenzeweger), Guilford, New York, pp. 106-37

Kernberg, O.F., Selzer, M.A., Koenigsberg, H.W. *et al.* (1989) *Psychodynamic Psychotherapy of Borderline Patients,* Basic Books, New York.

Layden, M.A., Newman, C.F., Freeman, A. and Morse, S.B. (1993) *Cognitive Therapy of Borderline Personality Disorder,* Allyn & Bacon, Boston.

Linehan, M.M. (1993) *Cognitive-Behavioral Treatment of Borderline Personality Disorder,* Guilford, New York/London.

Linehan, M.M., Armstrong, H.E., Suarez, A. *et al.* (1991) Cognitive-behavioral treatment of chronically parasuicidal borderline patients. *Archives of General Psychiatry,* **48**, 1060-4.

Lobbestael, J., van Vreeswijk, M.F. and Arntz, A. (2008) An empirical test of schema mode conceptualization in personality disorders. *Behaviour Research and Therapy,* **46**, 854-60.

McGinn, L.K. and Young, J.E. (1996) Schema-focused therapy, in Frontiers of Cognitive Therapy (ed. P.M. Salkovskis), Guilford, New York, pp. 182-207.

Mulder, R.T. (2002) Personality pathology and treatment outcome in major depression: a review. *American Journal of Psychiatry,* **159**, 359-71

Nordahl, H.M. and Nysæter, T.F.P.E. (2005) Schema therapy for patients with borderline personality disorder: a single case series. *Journal of Behavior Therapy and Experimental Psychiatry,* **36**, 254-64

Ogata, S.N., Silk, K.R., Goodrich, S. et al. (1990) Childhood sexual and physical abuse in adult patients with borderline personality disorder. *American Journal of Psychiatry,* **147**, 1008-13.

van Oppen, P. and Arntz, A. (1994) Cognitive therapy for obsessive-compulsive disorder. *Behaviour Research and Therapy*, 32, 79-87.

Padesky, C.A. (1994) Schema change processes in cognitive therapy. *Clinical Psychology and Psychotherapy*, **1**, 267-78.

Paris, J. (1993) The treatment of borderline personality disorder in light of the research on its long-term outcome. Canadian Journal of Psychiatry, 38 (Suppl. 1), 28-34

Simpson, E.B., Yen, S., Costello, E. et al. (2004) Combined dialectical behavior therapy and fluoxetine in the treatment of borderline personality disorder. *Journal of Clinical Psychiatry*, **65**, 379-85.

Sprey, A. (2002) *Praktijkbook persoonlijkheidsstoornissen, Diagnostiek, cognitieve gedragstherapie en therapeutische relatie,* Bohn Stafleu Van Loghum, Houten, the Netherlands.

Stoffers, J., Lieb, K., Voellm, B. *et al.* (2008) Pharmacotherapy of BPD. Cochrane Library. (in preparation)

Weaver, T.L. and Clum, G.A. (1993) Early family environment and traumatic experiences associated with borderline personality disorder. *Journal of Consulting and Clinical Psychology*, **61**, 1068-75.

Weertman, A.M., Arntz, A., Schouten, E. and Dreessen, L. (2005) Influences of beliefs and personality disorders on treatment outcome in anxiety patients. *Journal of Consulting and Clinical Psychology*, **73**, 936-44.

Young, J. (1999) *Cognitive Therapy for Personality Disorders: A Schema Focused Approach,* Professional Resource Exchange, Sarasota, FL.

Young, J.E. and Klosko, J.S. (1994) *Reinventing Your Life*, Plume, New York.

Young, J.E., Klosko, J.S. and Weishaar, M.E. (2003) *Schema Therapy: A Pratitioner's Guide, Guilford,* New York.

Zanarini, M.C. (2000) Childhood experiences associated with the development of borderline personality disorder. *The Psychiatric Clinics of North America*, **23**, 89-101.

색 인